KB092467

나도 글 좀 잘 쓰면
소원이 없겠네

나도 글 좀 잘 쓰면 소원이 없겠네

초판 발행 2020년 1월 15일
2쇄 발행 2021년 8월 20일

지은이 김봉석 / **펴낸이** 김태헌
총괄 임규근 / **기획·편집** 이수란 / **교정교열** 김혜영 / **디자인** 천승훈 / **일러스트** 이진숙
영업 문윤식, 조유미 / **마케팅** 박상용, 손희정, 박수미 / **제작** 박성우, 김정우

펴낸곳 한빛라이프 / **주소** 서울시 서대문구 연희로2길 62 한빛빌딩
전화 02-336-7129 / **팩스** 02-325-6300
등록 2013년 11월 14일 제25100-2017-000059호
ISBN 979-11-88007-46-2 14710

한빛라이프는 한빛미디어(주)의 실용 브랜드로 우리의 일상을 환히 비추는 책을 펴냅니다.

이 책에 대한 의견이나 오탈자 및 잘못된 내용에 대한 수정 정보는 한빛미디어(주)의 홈페이지나 아래 이메일로
알려 주십시오. 잘못된 책은 구입하신 서점에서 교환해 드립니다. 책값은 뒤표지에 표시되어 있습니다.
한빛미디어 홈페이지 www.hanbit.co.kr / **이메일** ask_life@hanbit.co.kr
페이스북 facebook.com/goodtipstoknow / **포스트** post.naver.com/hanbitstory

지금 하지 않으면 할 수 없는 일이 있습니다.
책으로 펴내고 싶은 아이디어나 원고를 메일(writer@hanbit.co.kr)로 보내 주세요.
한빛라이프는 여러분의 소중한 경험과 지식을 기다리고 있습니다.

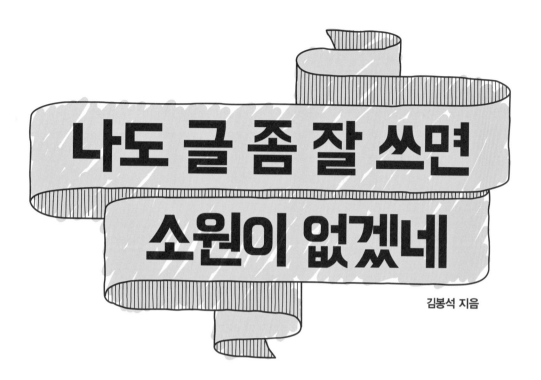

나도 글 좀 잘 쓰면 소원이 없겠네

김봉석 지음

한빛라이프

다시, 글쓰기에 앞서

누구나 글을 씁니다.

글쓰기는 한글을 읽고 쓸 수 있는 누구나 가능한, 쉬운 일입니다.

또, 우리는 알게 모르게 많은 글쓰기를 해 왔습니다. 학생 때는 학교에서 숙제를 내 줍니다. 일기나 독서 감상문을 써 오라고도 하지요. 대학 입시를 치를 때는 논술 시험을 봅니다. 대학에 가서는 수많은 리포트를 제출하며 취업을 위해 무수한 이력서와 자기 소개서를 씁니다. 취직한 이후에도 각종 기획안이나 보고서, 계획서 등을 제출해야 하죠. 이렇듯 생각해 보면 우리는 학창 시절부터 성인이 되기까지 글을 써 본 경험이 대단히 많습니다. 그런데도 막상 글을 쓰려면 늘 망설이게 되고 부담스럽죠. 이유가 뭘까요? 우리는 왜 글을 못 쓴다고 생각하고 별로 써 본 적이 없다고 생각할까요?

글쓰기를 늘 숙제나 리포트로만 했기 때문일까요? 주어지는 일이니까 최대한 형식을 갖추기는 하지만 그 이상은 생각해 본 적이 없으니까요? 설마 그렇지는 않을 것입니다. 일단 제출하는 것이 목적이라고는 해도 더 높은 점수를 받기 위해서나 개인적으로 욕심이 생겨서 노력했을 테니까요. 그러면 쓰고 나서 아무래도 마음에 들지 않거나, 기대만큼 성과가 나오지 않아서 나는 글쓰기에 재능이 없다고 생각해서일까요?

그렇다면 다시 생각해 봅시다. 글쓰기는 무엇을 위한 것일까요? 『1984』, 『동물농장』 등을 쓴 영국의 작가 조지 오웰은 인간이 글을 쓰는 이유를 네 가지로 정리했습니다.

첫 번째는 순전한 이기심입니다. 돈을 벌기 위해서, 유명해지고 싶어서 글을 쓰는 것이죠.

두 번째는 미학적 열정입니다. 위대한 예술작품, 문학사에 남을 소설이나 시를 쓰고 싶은 것이죠.

세 번째는 역사적 충동입니다. 스페인 내전에 참가한 어니스트 헤밍웨이처럼 작가들은 중요한 역사의 현장에 동참하는 경우가 많습니다. 인간의 모든 것이 집약된 사건에 참가하고, 그것을 글로 남기고 싶은 욕망입니다.

네 번째는 정치적 목적입니다. 자신이나 집단의 사상을 전파하기 위해서 쓰는 글을 씁니다.

이렇게 쓰고 보니 거창하군요. 오히려 글쓰기가 더 부담스러워졌나요? 걱정할 필요 없습니다. 이런 목적은 프로의 글쓰기에 해당하는 것이니까요. 누군가가 돈을 지불하고 내가 쓴 글을 본다면 당연히 상응하는 대가가 필요합니다. 독자가 원하는 정보나 재미나 무엇인가를 주어야만 하죠. 하지만 아마추어의 글쓰기에서는 이런 목적이 없어도 좋습니다. 아마추어의 장점은 내가 좋아서, 내가 즐거우면 무엇이든 할 수 있다는 것입니다. 내가 쓰고 싶은 글을 내가 바라는 대로 쓸 수 있습니다. 독자가 읽고 좋아하면 더욱 좋고요. 다행히도 내가 즐거운 글을 쓰면 독자도 알아보는 경우가 많습니다. 솔직하게 자신의 감정과 생각을 말하는 글은 다수의 호감을 삽니다. 이때의 솔직함은 무례와는 다릅니다.

'글을 써야지.'라고 생각하면 흔히 프로들이 추구하는 목적을 떠올리는 경우가 많습니다. 비교 대상도 그렇습니다. 짧은 이야기를 쓰고 싶은데, 셰익스피어나 무라카미 하루키의 소설을 떠올리면 당연히 주눅이 듭니다. 하지만 목적이 다릅니다. 지금 내가 쓰려고 하는 글은 문학사에 남을 글이 아니라, 지금 나의 생각과 감정을 보여 주는 문장과 표현입니다. 또는 누군가에게 지금 내가 하려는 일의 목적과 순서를 보여 주는 간단한 보고서나 재미있게 본 영화나 소설의 감상문 정도입니다.

간단하게 생각하는 것이 첫걸음입니다. '내가 보고 들은 것, 내가 생각한 것을 문장으로 옮기는 일을 해 보자.' 이것이 글쓰기의 시작입니다. 충분히 생각합니다. 그리고 글을 씁니다. 부담을 가질 필요는 없습니다. 나의 목적은 내가 좋아하는 글을 원할 때 쓰는 것입니다. 누군가에게 보여 주기 위한 것도, 평가를 받는 것도 아직은 먼 미래입니다. 내가 글로 무엇인가 해 보겠다는 목적을 갖게 된 이후의 일이지요. 지금은 일단 편하게 글을 써 봅니다. 그때그때의 감정을 단어와 문장으로 표현해 봅니다. 내가 느끼고 생각한 것을 문장으로 옮겨 봅니다. 주장을 논리적으로 풀어서 써 봅니다. 이런 과정을 꾸준하게 체계적으로 쌓아 가면 어느 순간 글쓰기에 익숙해집니다. 이 책은 글쓰기가 나에게 익숙하게 다가오는 그 순간까지를 위한 책입니다.

이 책은 총 4주 과정으로, 처음 3주는 일기 쓰기, 에세이 쓰기, 리뷰 쓰기를 일주일씩 연습하는 형식으로 진행됩니다. 마지막 주에는 에세이와 리뷰를 쓰기 위해서 테마를 잡고, 글의 얼개를 짜고, 논리적으로 설명하고, 퇴고하는 심화 과정을 진행합니다. 이 4주 과정을 통해 나의 생각과 경험을 문장으로 풀어내어 하나의 글로 완성하는 능력을 키우게 될 것입니다.
이 책과 함께 4주, 하루 30분 투자로 여러분의 글쓰기가 달라질 것입니다.

자, 이제 다시, 글을 씁시다.

당신의 어릴 적 사진 같은
글을 찍어 봅시다

글을 잘 쓰는 방법은 무엇일까요? 어떻게 하면 글을 잘 쓸 수 있을까요? 재미있는 소재를 선택하면 될까요? 의미심장한 주제를 드러내면 될까요? 문장을 멋지게 쓰면 되는 것일까요? 소재도, 주제도, 문장도 생각하면서 쓰는데 정작 쓰고 나면 왜 마음에 들지 않는 것일까요? 누군가에게 내가 쓴 글을 보여 주면 왜 무슨 말을 하려는 것인지 잘 모르겠다고 하거나, 너무 오락가락한다거나 흐지부지되는 것 같다고 하는 걸까요? 글쓰기는 전문가에게 따로 배워야 하는 것일까요? 운전이나 운동을 처음 할 때 코치나 트레이너에게 배우는 것처럼 일정한 규칙과 방법이 필요한 것일까요? 처음 한글을 익힐 때 읽고, 쓰면서 배우는 것으로는 부족한 것일까요?

이것에 대해 알기 위해서 먼저 짤막한 글을 한 편 써 봅니다. 글쓰기가 무엇이고, 어떻게 시작하는지 알기 위해서 아래 노트에 글을 써 보는 것입니다. 어떤 글이든 좋습니다. 에세이도 좋고, 영화에 대한 평가도 좋습니다. 무엇이든 가능합니다. 처음 쓰기 시작해서 30분 내에 끝내 보세요. 쓰면서 어떻게 마무리할지 모두 생각하고 시작해도 좋고, 첫 문장이 생각나면 일단 쓰고 다음을 이어 가도 좋습니다. 줄을 가득 채워도 좋고, 빈 공간이 있어도 좋습니다. 글씨도 신경 쓰지 마세요. 아무도 못 알아봐도 좋습니다. 내가 쓰고, 내가 다시 읽어 볼 수 있으면 그것으로 충분합니다. 자유롭게 쓰고, 줄을 긋고 다시 써도 좋고, 낙서처럼 끼워 넣어도 좋고, 내가 원하는 방식으로 마음껏 써 보세요.

글을 다 썼나요? 이제 내가 쓴 글을 다시 읽어 봅니다.

어떤가요? 시작은 좋았는데 점점 마음에 들지 않게 되었나요? 급하게 마무리하는 기분이 들었나요? 앞에 적은 글이 마음에 들지 않는다면, 이유가 뭔지 곰곰이 생각해 보세요. 여러 가지 이유가 있을 것입니다.

소재를 잘못 선택했을 수 있습니다. 너무 어렵거나 모호한 소재였을 수도 있지요. 생각할 시간이 부족했을 수도 있고요. 혹시 글을 다 쓰고 나니, 다르게 썼으면 더 좋았을 것 같다는 생각이 드나요? 미리 생각할 수 있다면 더 잘 쓸 수 있을 것 같나요? 결말이 아쉬운가요? 소재를 잡고 생각대로 전개했는데 결말에서 어떻게 끝내야 할지 애매했을 수도 있습니다. 너무 뻔한 결론을 내거나 뚝 끊어 버리는 것은 좋지 않지요. 문장이 너무 길고 중언부언했나요? 문장이 길어지면 읽는 사람이 제대로 이해하기 힘듭니다. 모호한 표현이나 단어를 쓰면 더욱 그렇지요. 글이 마음에 안 드는 이유는 이 외에도 더 있을 수 있습니다.

앞의 글을 한 번 더 찬찬히 읽어 보세요. 그리고 마음에 안 들거나, 틀렸다고 생각하는 부분에 다른 색깔의 펜으로 줄을 쳐 보세요. 그리고 이유가 무엇인지도 솔직하게 써 보세요. 지금 단계에서 다른 색 줄이 많다고 해서 꼭 글을 못 쓰는 것은 아닙니다. 올바른 이야기만 줄줄이 늘어놓는다고 해서 좋은 글이 되는 것도 아니니까요.

마음에 안 든다고 생각하는 부분이 많다면, 당신은 자신의 글을 나름 객관적으로 파악하고 있는 것입니다. 처음 쓰는 글을 '초고'라고 합니다. 초고는 당연히 마음에 안 들고, 틀린 부분도 있고, 어색하거나 논리에 맞지 않는 부분도 많습니다. 전문적으로 글을 쓰는 기자나 작가의 초고도 마찬가지입니다. 초고는 펜이 가는 대로 쓰고, 퇴고하고 수정하면서 원하는 글로 나아가는 것입니다. 그러니 초고에서 부족한 부분이 많다고 낙담하거나 우울해할 필요는 전혀 없습니다.

이 글은 새롭게 시작하는 여러분의 글쓰기 출발점입니다.

앞으로 4주간의 훈련을 마치고 이 글을 다시 본다면, 당신의 어릴 적 사진을 보는 것 같은 아련함을 느끼게 될 것입니다. 그리고 빙그레 웃음 짓게 될 거라 확신합니다.

지금부터 하나씩 생각하며 차근차근 글쓰기에 대해 다시 알아봅시다.

일반적인 글쓰기 그리고 나의 글쓰기에 대해서.

금주에 배울 글의 종류에 대한 안내이자 핵심 설명입니다. 이번 주에 무슨 글을 쓸 것인가와 어떻게 써야 하는지, 구체적으로 어떤 부분을 연습할 것인지를 쉽게 알 수 있습니다. 빨간색 밑줄로 핵심적인 부분을 더 쉽게 파악하고 이해할 수 있도록 강조하였습니다.

목표 그날그날의 구체적인 학습 목표를 제시하고 목표에 맞는 활동 전개로 기초를 다집니다.

➡ 필자의 예시로, 활동에 대한 모범 답안 역할을 합니다. 생각의 흐름이기도 하기 때문에 〈나 혼자 해 보기〉 활동을 하기 전에 꼼꼼히 읽어 봅니다.

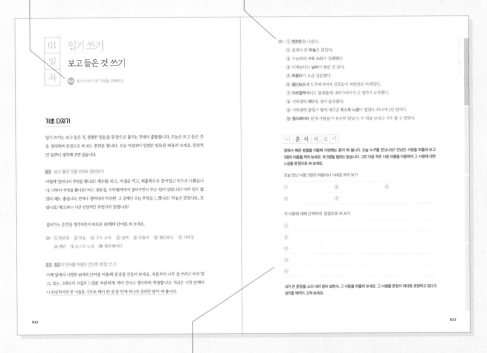

나 혼 자 해 보 기 독자 여러분이 스스로 하는 글쓰기 활동으로, 정답은 없습니다. 문제를 읽고 충분히 생각한 후 차근차근 써 나가도록 하세요. 될 수 있으면 한 개의 활동당 10분을 넘지 않도록 합니다. 지우기 어려운 펜으로 썼거나 다시 고칠 여백이 없을 경우 각 일차 마지막에 있는 쓰기 노트를 활용하세요.

앞선 페이지 쓰기 활동을 하다가 실수해서 다시 써야 할 때, 더 쓰고 싶은 내용이 있을 때 적극 활용할 수 있도록 만든 여분의 쓰기 훈련 페이지입니다. 가급적 빈 페이지로 남겨 두지 마시고 글쓰기의 미진한 부분을 적극적으로 보완해 나가는 페이지로 활용하세요. 일차별 글쓰기가 끝날 때마다 주어지므로 연습량은 충분할 것입니다.

 필자가 해당 글쓰기 분야에서 전문가로서 기고한 글을 모은 코너로, 본문에서 만났던 쉬운 예시와 친절한 안내에서 벗어나 '전문가의 글쓰기는 이런 것이다',라는 글의 깊은 맛과 멋을 느낄 수 있습니다.

여기서 잠깐! 쉬어 가는 코너로, 글쓰기와 관련된 기초 지식부터 간단한 퀴즈를 제공하여 학습에 재미 요소를 가미하였습니다.

* 이 책에서는 4주, 한 주당 5일, 총 20일 분량의 글쓰기 훈련 프로그램을 제시합니다. 매일매일 글을 써야 실력이 는다는 전제하에 유기적으로 구성되어 있으므로, 가급적 학습 날짜를 지킬 것을 권장합니다.

PART 01 | 준비 운동, 왕초보를 위한 글 근육 단련하기

PART 02 | 글쓰기 왕초보 4주 집중 훈련

PART 03 | 왕초보 탈출! 내 마음껏 자유자재로 글쓰기

들어가기 전에,
잠깐 점검

글쓰기를 위한 나만의 최적화된 환경과 공간을 찾아라!

많은 작가들의 글 쓰는 공간과 환경에 대한 자료를 찾아보면 자기만의 작업실이나 방을 가진 작가들도 많지만, 의외로 카페나 도서관 같은 공공장소나 침대에 기대어 또는 부엌 식탁에서 글을 쓴 작가들도 많았습니다. 심지어 중국 작가 장지에는 화장실 변기 위에 널빤지를 올려놓고 앉아 600쪽에 달하는 장편 소설을 썼다고도 해요. 고정된 작업 공간이 필요 없는 작가들도 있고, 여행을 다니며 글을 쓰는 작가들의 경우 특정 장소에 구애받지 않고 글을 썼습니다.

사람마다 아주 조용해야 집중해서 글을 잘 쓸 수 있는 사람도 있고, 카페 같은 백색소음이 있는 공간에서 편안함을 느껴 효율을 높일 수 있는 사람도 있을 겁니다.

이 책에서는 될 수 있으면 자기 방이든, 카페나 도서관이든 글을 쓸 때 마음의 안정을 취하거나 글을 쓰고 싶다는 생각이 들 수 있도록 자기만의 한 공간을 정해 놓고 시작하기를 권합니다. 본인이 집중하거나 즐겁게 글을 쓸 수 있는 곳이라면 어디든 괜찮습니다. 다만, 지나치게 시끄럽거나 방해 받는 공간, 생각을 할 수 없거나 메모조차 할 수 없는 공간은 피하는 것이 좋겠죠.

나의 글쓰기 유형은 무엇일까요?

핸드폰 메모 기능을 적극 활용하자

글을 쓰기 위해서는 아이디어가 필요합니다. 하지만 막상 글을 쓰려고 하면 평소에는 잘도 떠오르던 생각들이 어디론가 날아가 버리죠. 제일 좋은 것은 평소에 문득 스치는 생각들을 그때마다 적어 두는 것입니다. 과거에 작가나 기자들은 늘 메모지나 수첩을 가지고 다녔습니다. 생각나는 것이나 보고 들은 것들을 바로 적어 두기 위해서였습니다. 지금은 그때보다 글쓰기가 쉽습니다. 누구나 핸드폰을 가지고 있으니까요. 핸드폰에는 메모 기능이 있어 매 순간 떠오르는 것들을 적을 수 있습니다. 적는 글이 많으면 일주일, 많지 않으면 한 달 정도를 기준으로 메모장 한 파일에 넣으면 됩니다. 태블릿도 마찬가지입니다. 휴대하기 편한 도구를 사용하면 됩니다. 사진을 찍어서 짧은 문장을 덧붙이는 것도 좋습니다. 가끔씩 이전에 써 둔 메모를 읽어 보세요. '내가 이런 생각을 했구나.' '이 아이디어는 조금 더 발전시키면 글을 쓸 수 있을 것 같은데.' 이런 생각들을 하며 메모에 다시 메모를 덧붙이면서 일단은 모아 둡니다. 굳이 활용하지 않더라도 모아 두는 것만으로도 좋습니다.

SNS를 활용하여 글 쓰는 습관을 들이자

SNS를 활용하는 것도 한 방법입니다. 트위터에는 짧은 글을 쓸 수 있습니다. 페이스북은 긴 글도 가능합니다. 블로그나 브런치 같은 인터넷 서비스를 이용하는 것도 좋습니다. 트위터와 페이스북 같은 SNS의 좋은 점은 원할 때마다 아무 글이나 쓸 수 있다는 것입니다.

트위터와 페이스북의 친구와 팔로잉이 늘어나면 신경이 쓰입니다. 그들이 내 글을 어떻게 볼 것인가, 혹시 싫어하지는 않을까. 너무 신경이 쓰이면 내 글을 공개하지 않으면 됩니다. 나만 보기로 설정하거나 특정한 사람만 볼 수 있게 할 수도 있습니다. 하지만 타인의 시선을 두려워하면서 혼자만 글을 쓰는 것은 좋은 방법은 아닙니다. 글을 쓴다는 것은 결국 커뮤니케이션을 위한 것이니까요. 나의 글을 읽는 사람이 어떤 반응을 보이는지, 어떤 생각을 하는지 확인해 보는 일은 중요합니다.

SNS에서는 나의 글이 어떻게 읽히고, 어떻게 세상으로 흘러가는지를 댓글이나 공유 횟수, 좋아요 등을 통해 간접적으로 확인할 수 있습니다. 내가 쓴 글이 어떤 오해나 오독을 불러오는지도 알 수 있고요. 때로는 내가 글을 모호하게 썼기 때문일 수도 있고, 독자가 글의 의미를 너무 확장하여 읽는 경우도 있습니다. 그런 경우를 다양하게 확인할 수 있지요. 그리고 내가 어떻게 하면 좋을까 생각합니다. 더 구체적으로 쓰거나, 논리적으로 약하다고 생각하는 부분을 강하게 만들거나 쓰고 생각하면서 고쳐 나갈 수 있습니다.

SNS에 글을 쓰는 것은 글쓰기 훈련의 좋은 방법입니다. '좋아요'와 호의적인 댓글이 많다면 더욱 잘 쓰고 싶어질 것입니다. 다만 반응에 지나치게 휘둘리거나 구설수가 많아진다면 조용히 혼자 쓰는 것이 더욱 좋습니다. 타인의 의견도 중요하지만 결국은 내가 쓰는 글이 제일 중요하니까요.

PART

01

준비 운동,
왕초보를 위한
글 근육 단련하기

CHAPTER
01

왕초보는
어디서
좌절하는가?

일기나 에세이, 간단한 리뷰 같은 일상의 글쓰기는 특별한 재능이 필요한 것이 아닙니다. 말하는 것처럼 나의 생각을 정리하고 적합한 단어와 표현을 찾아 글로 적으면 됩니다. 누구나 할 수 있고, 꾸준히 익히면 보통 이상은 할 수 있지요. 글재주가 없다는 것은 대부분 핑계에 불과합니다. 물론 당신의 목표가 위대한 작가가 되는 것이거나 누가 보아도 감탄할 멋진 기획서나 에세이를 쓰는 것이라면 그럴 수 있습니다. 위대한 작가에게는 재능이 필요합니다. 하지만 보통의 경우에는 목표를 갖고, 노력하며 구체적인 글쓰기 스킬을 익히는 것으로 충분히 가능합니다.

나는 원래 글재주가 없다는 핑계는 버리자

글재주가 없다고 생각하는 사람들이 의외로 많습니다. 하지만 곰곰이 생각해 보면 이상하지 않나요? 우리는 초등학교, 중고등학교, 대학교 때까지 글쓰기를 배웠고 감상문, 리포트, 기획서 등 글을 꾸준히 써 왔습니다. 어떻게 글을 쓰는지 알고, 글 쓰는 경험을 해 본 적도 많이 있습니다. 그런데도 왜 글을 못 쓴다고 생각하는 것일까요.

말하기는 어떤가요? 많은 사람들 앞에서 강연이나 발표를 하는 것, 방송에서 진행을 하는 것은 쉽지 않습니다. 그저 말을 할 뿐이라고 해도 강연, 발표 등에는 스킬이 필요하고, 어느 정도 재능도 있어야 하지요. 하지만 친구들과 말하는 것, 즉 일상적인 대화를 하는 것에 크게 어려움을 느끼는 사람들은 많지 않습니다.

글도 마찬가지가 아닐까요? 일상적으로 자신의 생각, 감정, 느낌을 표현하는 글을 쓰는 것은 어려운 일이 아닙니다. 프로가 돼서 소설이나 에세이 등을 발표하는 일은 역시 재능과 스킬이 필요하지요. 그러나 일반적인 대화처럼 일반적인 글쓰기는 어렵거나 특별한 재능이 필요한 일이 아닙니다. 많은 사람들이 읽는 소설, 중요한 계약을 따내기 위한 기획서와 프리젠테이션 원고를 만드는 일에는 그만큼의 재능과 노력이 필요합니다. 일기나 에세이, 간단한 리뷰 같은 일상의 글쓰기는 특별한 재능이 필요한 것이 아닙니다. 말하는 것처럼 나의 생각을 정리하고 적합한 단어와 표현을 찾아 글로 적으면 됩니다. 누구나 할 수 있고, 꾸준히 익히면 보통 이상은 할 수 있지요. 글재주가 없다는 것은 대부분 핑계에 불과합니다. 물론 당신의 목표가 위대한 작가가 되는 것이거나 누가 보아도 감탄할 멋진 기획서나 에세이를 쓰는 것이라면 그럴 수 있습니다. 위대한 작가에게는 재능이 필요합니다. 하지만 보통의 경우에는 목표를 갖고, 노력하며 구체적인 글쓰기 스킬을 익히는 것으로 충분히 가능합니다.

십여 년 전까지만 해도 기자의 글쓰기는 비교적 인정을 받았습니다. 기자라는 직함을 달고 일을 한다면 적어도 글은 좀 쓴다고 생각한 것이죠. 그것이 가능했던 이유는 체계적인 교육 시스템이 있었기 때문입니다. 신문사나 잡지사에 들어가면 단신 쓰기부터 시작합니다. 가장 기본적인 육하원칙으로 문장을 쓰고, 간단한 리뷰 기사를 씁니다. 그리고 데스크를 거칩니다. 문장이 잘못되면 지적받고, 방향성이 애매하거나 팩트가 불분명한 것들을 체크하고 다시 씁니다. 이렇게 하나의 글을 반복하여 쓰는 훈련을 몇 개월 동안 계속합니다. 매일 기사를 쓰면서 6개월 정도 훈련을 거칩니다. 수습기자를 벗어난 후에도 글을 쓰고 데스크를 거치고 다시 쓰는 과정을 계속해야 합니다. 이런 과정을 반복하다 보면 최소한 글을 정확하게 쓰는 법을 익히게 됩니다. 내가 생각하는 것, 말하고 싶은 것을 글로 옮기는 구체적인 과정을 배우고 익히는 것이죠.

글쓰기는 운동이다

글쓰기는 운동과 비슷합니다. 꾸준히 하면 실력이 늘죠. 운동을 할 때는 먼저 기본적인 테크닉을 배웁니다. 달리기라면 제대로 달리는 법을 배우지요. 팔은 어떻게 움직이는지, 보폭은 어떻게 하는 게 좋은지, 호흡은 어떻게 하는지 등 말입니다. 전문가의 도움을 받아서 하나씩 지적을 받으며 배우는 것도 가능합니다. 아니면 혼자 달리면 됩니다. 일단 달리면서 부족하거나 잘못된 점을 고쳐 가는 것이죠. 그런데 혼자 익히는 것의 문제는 무엇이 옳은 방법인지 알기 어렵다는 것입니다. 옳은 방법을 찾기 위해서는 올바른 달리기 방법에 대해서 검색을 해야 합니다. 유튜브에서는 구체적인 달리기 동작까지도 보여 주지요.

무엇을 하건 기본적인 테크닉이 있습니다. 그것을 익히면서 자신의 방식에 맞게 변형합니다. 글쓰기도 마찬가지입니다. 그저 일기를 매일 쓰는 것만으로도 충분한 글쓰기 훈련이 됩니다. 반복 훈련을 통해서 어느 정도 자신의 규칙과 방법을 찾게 되는 것이죠. 그리고 글 쓰는 것이 비교적 익숙해지면 대중에게 보여 줄 수 있는 공간에 글을 씁니다. 그러면 독자의 반응이 댓글로 달리고, 나의 글이 독자에게 어떻게 읽히는지 쉽게 알 수 있습니다. 내가 생각한 의도대로 독자는 읽고 있을까. 아니라면 이유는 무엇일까. 나의 문장이나 표현이 애매한 것일까? 중의적이거나 반어적인 표현이 잘 전달되지 않은 것일까? 독자의 반응을 통해서 나의 글쓰기를 점검하고 구체적인 부분에 대해서 생각할 수 있습니다.

'글쓰기 노하우'라고 회자되는 것들에 쉽게 휘둘리지 말자

그렇다면 글을 잘 쓰는 방법은 무엇일까요? 그동안 학교에서도 글쓰기를 많이 경험했습니다. 글쓰기에 관한 책들도 많이 있지요. 글을 잘 쓰는 노하우라고 말하는 방법은 대체로 비슷합니다. 구체적으로 생생하게 보여 주는 것이 좋다, 첫 문장에서 시선을 잡을 수 있어야 한다, 제목을 잘 지어야 한다, 쉽게 써야 한다, 꾸준히 써야 한다, 다 맞는 말입니다. 생생하면서도 쉬운 글을 꾸준하게 쓴다면 언젠가는 좋은 글이 나올 수 있습니다.

하지만 그동안 학교에서 배운 것만으로도 충분한데 왜 쉽게 성취할 수 없었던 것일까요? 좋은 글을 쓰는 방법은 사실 간단합니다. 옛말에 글을 잘 쓰는 방법은 '다독(多讀), 다작(多作), 다상량(多商量)'이라고 했습니다. 많이 읽고, 많이 쓰고, 많이 생각하라. 많은 지식을 갖추고 좋은 글을 많이 읽는 것. 자신의 생각을 담은 글을 많이 쓰는 것. 무엇이 옳고 그른지 논리적인 이유를 생각해 보는 것. 이런 일들이 꾸준히 이루어진다면 당연히 글을 잘 쓰게 되겠지요. 하지만 이런 포괄적인 글쓰기 방법만으로 좋은 글을 쓰기는 쉽지 않습니다.

글쓰기야말로 반복 연습이 필수

무엇이건 구체적인 방법으로 반복해서 연습하는 것이 필요합니다. 글쓰기도 마찬가지입니다. 일기처럼 무조건 꾸준하게 글을 쓸 필요가 있습니다. 그러면서 조금씩 방법을 배워 가고 익히면 더욱 좋겠지요. 이 책에서는 매일 글을 쓰는 방법에 대해 알려 줍니다. 비슷한 것이 반복되는 것 같지만 조금씩 다른 방식으로 비슷한 것을 반복해서 하도록 도와줍니다. 중요한 것은 방법을 아는 데서 그치지 않고 매일 반복해서 해 보는 것입니다. 이 책은 4주 동안 여러분에게 글쓰기 방법을 구체적으로 알려 주고, 쉽게 시도하도록 도와줍니다.

글쓰기는 하루아침에 좋아지지 않습니다. 내가 생각하고 있는 것, 말하고 싶은 것을 문장으로 옮기는 것은 꾸준한 훈련으로 좋아지고 어느 정도 단계에 이르면 안정됩니다. 하지만 글에 담는 내용을 계속 새롭고 흥미로운 것으로 채우기 위해서는 생각과 공부가 필요합니다. 많이 읽고, 많이 생각하는 것이 중요한 이유죠.

공부하는 것을 어렵게만 생각할 필요는 없습니다. 새로운 지식을 익히는 것도 중요하지만 내 주변에서 일어나는 일, 나와 주변 사람들과의 관계에 대해서 깊이 생각하고 다양하게 따져보는 것 역시 중요한 공부입니다. 그리고 사람과 세상이 어떻게 움직이고 변화하는지 들여다보고 나의 생각을 더하는 것이 중요합니다. 좋은 글을 쓰기 위해서는 훈련이 필요하지만 어느 단계를 넘어서면 많이 생각하고 따져 보는 일들이 매우 중요해집니다. 상상력과 창의력은 어느 날 갑자기 나오는 것이 아니라 나와 나의 주변에서 시작됩니다.

하루 30분, 4주면 진짜 내 글을 쓰게 된다

이 책에서는 글쓰기의 구체적인 훈련법을 알려 주므로, 그 내용 그대로 따라가면서 쉽게 배울 수 있습니다. 매일 30분의 시간을 들여서 글을 써 본다면, 4주가 지난 후에는 글쓰기가 달라진 것을 느낄 수 있을 것입니다. 매일 30분씩 운동을 하면 조금씩 몸이 달라지는 것처럼요. 4주간의 글쓰기 훈련으로 갑자기 탁월한 글이 나오는 것은 아니지만, 내가 생각한 것과 느낀 것이 어떻게 문장으로 옮겨지는지 알 수 있을 것입니다. 이렇게 여러분의 글쓰기는 매일 30분씩 나날이 성장해 갈 것입니다.

CHAPTER
02

글	놀	이	로		
글	쓰	기			
준	비	운	동	하	기

글쓰기를 위해 마음도 다잡았고, 어디서 어떻게 쓸지도 정했고, 사전 점검도 마쳤으니 이제 본격적으로 글을 쓰는 일만 남았습니다. 그런데 갑자기 글을 쓰려니 조금 두렵고 막막한 느낌이 들지요? 연필 잡고 무언가를 써 본 적이 오래되어서 그렇습니다. 이 코너에서는 본격적인 글쓰기에 앞서 연필로 종이에 무언가를 쓰는 것에 다시 익숙해지고, 단순한 낱말 찾기부터 시작해 브레인스토밍 하는 과정을 거쳐 글쓰기를 쉽고 재미있고 친숙하게 느끼도록 도와줍니다. 재미있고 쉬운 놀이처럼 임해 주세요.

내가 좋아하는 낱말 20개 이상 쓰기

이왕 쓰는 것, 내가 좋아하는 것부터 써 보면 마음이 편안해질 것입니다. 내가 평소에 좋아하는 낱말을 20개 이상 자유롭게 써 보세요.

내가 좋아하는 속담이나 격언 10문장 이상 쓰기

나를 움직이게 하는 말이나 명언, 속담, 격언, 부모님이나 선배 또는 친구의 말도 좋습니다. 10문장 이상 써 보세요.

우리 어릴 적에 이 놀이 참 많이 했죠? 추억의 끝말잇기를 하며 단어 감각을 일깨워 봅시다. 최대한 길게 이어 보세요.

제시어

글쓰기 → 기

다음 단어들로 삼행시를 지어 보세요. 문장 감각이 살아날 거예요. 제시된 단어가 마음에 들지 않으면 내가 하고 싶은 단어로 대체해도 좋습니다.

➤ 기행문

기

행

문

➤ 회사원

회

사

원

➤ 피아노

피

아

노

➤ 월요일

월

요

일

➤ 내 이름으로 해 봅니다

브레인스토밍 글쓰기

내가 가장 좋아하는 계절을 쓰고, 거기에서 연상되는 낱말들로 가지를 채워 주세요. 하단에는 가지
에 쓴 말들을 연결해서 짤막한 문장으로 연결해 보세요.

≡▷ **문장 연결해서 쓰기**

PART

02

글쓰기 왕초보
4주 집중 훈련

1주차, 일기쓰기

첫 문장을 쓰는 일은
내게 늘 두려운 일이다.
공포와 마법, 기도문,
난처한 창피함이
한꺼번에 엄습하는 것은
놀라운 일이 아니다.

존 스타인벡

어라,
또 일기라고?

내가 경험한 사건을 구체적인 문장으로 적어 보기,
내가 느낀 감정을 문장으로 표현하기,
내가 했던 생각을 문장으로 이어서 적어 보기,
이런 훈련을 통해 일기 쓰기에서
중요한 것들을 배웁니다.

학창 시절부터 가장 많이 해 온 대표적인 글쓰기 활동은 일기 쓰기와 독후감 쓰기, 편지 쓰기일 것입니다. 그래서 "또 일기야?" 하며 식상해할 수도 있지만 또 그만큼 익숙하기에 초보 단계에서 부담 없이 글쓰기 기초 체력을 다질 수 있는 좋은 방법입니다.

2년간 매일 쓴 일기의 힘

저는 대학을 들어가기 전까지는 직업으로 글 쓰는 사람이 되겠다고 생각한 적이 한 번도 없었습니다. 학교에서 숙제로 나오는 글쓰기도 형식적으로만 했습니다. 일기 쓰는 것도 싫어서, 하루 일과를 순서대로만 적어 가기도 했습니다. '오늘은 학교에서 밥을 먹고, 집에 돌아가 TV를 봤다.' 이런 식의 간단한 나열이었죠. 그러다가 고등학교 2학년 때부터 스스로 일기를 쓰기 시작했습니다. 내가 생각하는 것, 내가 느끼는 것을 문장으로 적어 보고 싶었습니다. 그렇게 2년 동안을 꾸준히 일기를 썼더니, 대학에 들어가서는 주변에서 글을 잘 쓴다는 말을 듣게 되었습니다.

"어떻게 글 쓰는 일을 직업으로 갖게 되었나요?"라는 질문을 받게 되면, 시작은 일기라고 대답할 수 있습니다. 어릴 적 일기 쓰던 습관이 자연스레 글을 써 나갈 수 있었던 원동력이 되었다고 말입니다. 어릴 때 훗날 무엇이 될지 모르고 그냥 하루하루 써 나간 시간과 기록들이 글쓰기 훈련이었던 셈이죠.

사람마다 다른 매일의 기록들, 이 모든 것이 일기다

일기는 매일의 기록입니다. 하루에 있었던 일을 문자로 기록하는 것이죠. 과거에는 문자와 그림으로 기록을 남겼습니다. 지금은 다른 방식이 추가되었습니다. 매일매일 사진을 찍거나 동영상으로 기록하는 것 역시 일기가 될 수 있습니다. 페이스북이나 트위터 등에 경험한 사건을 사진으로 올리는 것 역시 기록이 될 수 있습니다. 그리고 그에 대한 메모와 감상 역시 일기가 됩니다.

하지만 사람마다 하루의 일을 기록하는 방식은 저마다 다릅니다. 누구는 그날 있었던 일을 단순하게 나열합니다. 누구는 그날의 많은 일 중 가장 인상적이었거나 자신에게 의미 있었던 사건을 기록합니다. 사건을 기록하는 방식도 갈립니다. 누구는 객관적으로 어떤 사건이 어떻게 벌어졌는지를 기록합니다. 누구는 그 사건에서 느낀 감정이나 생각을 서술합니다. 누구는 사건을 거의 보여 주지 않고, 그날 느낀 자신의 감정 위주로 기록합니다. 누구는 매일 쓰는 것이 아니라 띄엄띄엄 쓰기도 하고, 시간이 없거나 피곤할 땐 몰아서 한꺼번에 쓰기도 합니다. 또 누구는 SNS나 일기 쓰기 앱을 이용해 그날그날의 단상을 올립니다. 이 모든 것이 다 일기입니다.

일기는 '멋있게'가 아니라 '정확하게' 쓰는 것!

그래서 일기는 사적이고, 독자를 염두에 두지 않는 자신만의 글쓰기입니다. 혹자는 사적인 일기라도 누군가 볼 수도 있다는 마음 혹은 언젠가 대중에게 공개하겠다는 마음으로 쓰기도 하지만, 이런 방식의 일기 쓰기는 이 책에서는 논외로 합니다. 일기를 쓰면서 제일 많이 생각해야 할 것은 기본적인 문장입니다. 여기에서 기본적인 문장이란, 주어와 술어가 어떻고 호응이 어떻고 하는 문법에 잘 맞는 것, 문장을 멋있게 쓰는 것이라기보다 문장을 정확하게 쓰는 것을 말합니다. 이게 가장 중요합니다. '내가 본 것을 어떤 단어와 표현으로 쓰면 제일 정확할까. 어떤 사건을 보거나 경험하면서 떠오른 생각을 어떻게 문장으로 구체화할 수 있을까.' 이 지점을 끊임없이 고민해야 합니다.

일기 쓰기, 이렇게 한다!

그럼 어떻게 하면 기본적인 문장이 잘 갖춰진 일기를 쓸 수 있을까요?

일단은 기록(기록이 너무 거창하면 '메모'라고 해도 좋습니다.)으로 시작합니다. 길을 지나가다 마주친 거리의 풍경을 문장으로 옮깁니다. 복잡한 지하철에서 느낀 감정을 문장으로 표현합니다. 회사에서 일을 하는 동안 어떤 일이 있었는지, 나는 어떤 생각을 하는지 문장으로 적어 봅니다.

그런데 이렇게 말할 수도 있습니다. "나는 아무 생각이 없다. 매일 같은 시각에 집에서 나와 같은 시각에 지하철을 타고 비슷한 사람들을 만난다. 회사에서도 지루한 일을 하고 집에 돌아와 TV를 보거나 책을 읽다가 잠을 잔다. 매일이 똑같다." 하지만 곰곰이 생각해 보세요. 똑같은 날은 없습니다. 날씨가 다르고, 내가 입은 옷이 다르고, 그날 해야 할 일이 조금씩 다릅니다. 지하철에서 만나는 사람도, 그들의 옷과 표정도 다르지요. 하나씩 관찰해 보세요. 지나가는 길에 고양이가 보이기도 하고, 누군가의 옷에서 새로운 상표를 발견하기도 합니다. 일기는 꼭 극적인 사건만을 적는 것이 아닙니다. 내가 다르게 무엇인가를 보고, 발견하는 기록이기도 합니다.

작지만 위대한 글쓰기 습관, 일기

너무 거창하게 생각하지 않는 게 좋습니다. 일기는 기록만으로도 가능합니다. 지나가다 본 것을 핸드폰 메모 앱에 간단하게 적어도 됩니다. 그것을 모아 하루의 일기로 정리해 보세요. 메모장을 가지고 다니면서 그때그때 드는 작은 생각을 적어도 됩니다. 문득 스쳐지나가는 생각을 적어도 되고요. 일기는 글 쓰는 습관을 기르는 것입니다.

내가 본 것을 문장으로 옮기기, 내가 경험한 사건을 구체적인 문장으로 적어 보기, 내가 느낀 감정을 문장으로 표현하기, 내가 했던 생각을 문장으로 이어서 적어 보기, 이런 훈련을 통해 일기 쓰기에서 중요한 것들을 배우게 될 것입니다. 백문이 불여일견이듯 글쓰기에서는 백문이 불여일'쓰'입니다. 쓰기에 대한 막연한 두려움과 처음부터 완벽하게 쓰려는 완벽주의를 버리고 한 번이라도 더 써 보는 연습이 중요합니다.

자, 그럼 일기가 무엇이고 어떻게 써야 하는지 알았으니 이젠 일기를 직접 써 볼까요?

일기 쓰기
보고 들은 것 쓰기

목표 일기 쓰기의 기본 구성을 이해한다.

기초 다지기

일기 쓰기는 보고 들은 것, 경험한 일들을 문장으로 옮기는 것에서 출발합니다. 오늘은 보고 들은 것을 정리하여 문장으로 써 보는 훈련을 합니다. 오늘 아침부터 있었던 일들을 떠올려 보세요. 일상적인 일부터 생각해 보면 쉽습니다.

1 보고 들은 것을 단어로 정리하기

아침에 일어나서 무엇을 했나요? 세수를 하고, 아침을 먹고, 외출복으로 갈아입고 밖으로 나왔습니다. 나와서 무엇을 봤나요? 버스 정류장, 지하철역까지 걸어가면서 무슨 일이 있었나요? 아무 일도 없었다 해도 좋습니다. 언제나 걸어다녀 익숙한 그 길에서 오늘 무엇을 느꼈나요? 하늘은 맑았나요, 흐렸나요? 평소와는 다른 인상적인 무언가가 있었나요?

걸어가는 순간을 생각하면서 떠오른 10개의 단어를 써 보세요.

➡ ① 현관문 ② 하늘 ③ 구두 소리 ④ 날씨 ⑤ 목폴라 ⑥ 횡단보도 ⑦ 지하철
　　⑧ 계단 ⑨ 토스트 노점 ⑩ 엘리베이터

2 1 의 단어를 이용해 간단한 문장 쓰기

이제 앞에서 나열한 10개의 단어를 이용해 문장을 만들어 보세요. 처음부터 너무 잘 쓰려고 하지 말고, 있는 그대로의 사실과 느낌을 차분하게 적어 간다고 생각하며 작성합니다. 지금은 시작 단계이니 단순하지만 본 사실을 기초로 해서 한 문장 안에 하나의 정보만 담아 써 봅니다.

▤▷ ① **현관문**을 나섰다.

② 올려다본 **하늘**은 맑았다.

③ 오늘따라 **구두 소리**가 경쾌했다.

④ 어제보다는 **날씨**가 풀린 것 같다.

⑤ **목폴라**가 조금 갑갑했다.

⑥ **횡단보도**에 도착하자마자 신호등이 초록불로 바뀌었다.

⑦ **지하철역**에서도 플랫폼에 내려가자마자 곧 열차가 도착했다.

⑧ 지하철역 **계단**을 걸어 올라왔다.

⑨ 지하철역 출입구 옆에 새로운 **토스트 노점**이 생겼다. 하나에 2천 원이다.

⑩ **엘리베이터** 앞에 사람들이 유난히 많았다. 두 대를 보내고 겨우 탈 수 있었다.

나 혼 자 해 보 기

앞에서 배운 방법을 이용해 이번에는 혼자 해 봅니다. 오늘 누구를 만났나요? 만났던 사람을 떠올려 보고 5명의 이름을 적어 보세요. 꼭 5명일 필요는 없습니다. 그런 다음 적은 사람 이름을 이용하여 그 사람에 대한 느낌을 문장으로 써 보세요.

오늘 만난 사람 5명의 이름이나 닉네임 적어 보기

① _____ ② _____ ③ _____

④ _____ ⑤ _____

각 사람에 대해 간략하게 문장으로 써 보기

① _____

② _____

③ _____

④ _____

⑤ _____

내가 쓴 문장을 소리 내어 읽어 보면서, 그 사람을 떠올려 보세요. 그 사람을 문장으로 제대로 표현했다고 생각할 때까지 고쳐 보세요.

아직 문장으로 쓰는 것이 익숙하지 않은가요? 그렇다면 일단 오늘 하루, 보고 들은 것을 생각해 보세요. 버스에서 본 누군가의 옷, 점심 메뉴, 회의 시간에 들은 누군가의 목소리, 스치며 본 광고 등 다좋습니다. 오늘 보고 들은 것들을 떠올려 보세요.

머릿속에 떠오르는 대로 10개 정도의 단어나 구로 나열해 써 봅시다.

✎ ① 빨간색 패딩   ② 똑같은 옷   ③ 핸드폰 광고   ④ 폐차 광고 명함   ⑤ 점심 메뉴 마감
⠀⠀⑥ 화난 목소리   ⑦ 침묵   ⑧ 백수   ⑨ 커피숍   ⑩ 대화 엿듣기

위에 나열한 단어나 구에서 5개를 골라 문장으로 표현해 보세요. '오늘 회의에서 이 대리의 목소리는 유난히 메마르고 거칠었다.' 이런 식으로 하나의 문장으로 써 보는 것입니다.

✎ ① 오늘도 지하철 안은 검은색 롱패딩으로 가득했다. 그중 **빨간색 패딩**을 입은 학생이 유난히 돋보였다. 보기만 해도 기분이 화사해지는 듯했다.
② 이번에 나온 **아이폰 11 광고**를 봤다. 아직 약정이 6개월이나 남았는데 사고 싶다.
③ 아파트 주차장에서 오랜 시간 잠자고 있는 내 차 유리창에만 **폐차 광고 명함**이 꽂혀 있어서 살짝 기분이 나빴다.
④ **점심 메뉴**는 일찍부터 고민하지만 희한하게 항상 12시, **마감**이 임박해서야 결정된다. 먹고 사는 게 중요하지만 때로는 귀찮다.
⑤ **백수인 친구**에게 전화했다. 목이 잠긴 듯하기에 아프냐고 물었다. 정말 오랜만에 사람과 말하는 것 같다고 한다. 그저 웃지요.

나 혼 자 해 보 기

앞에서 쓴 '오늘 만난 사람'을 주제로 단어와 구, 더 나아가 문장으로 표현해 봅니다. 5명 중 한 명을 선택해 이 사람을 만나면서 있었던 오늘의 사건, 떠오른 생각과 느낌을 적어 보세요.

단어나 구를 10개 이상 나열하기

위에 쓴 단어나 구 중 5개를 골라 문장으로 표현하기

①

②

③

④

⑤

이 문장에서 내가 말하고 싶은 것이 무엇인지, 내가 쓰고자 하는 내용에 부합하고 효과적으로 잘 드러났는지 생각해 보세요. 퇴고에 대해서는 각 주별 마지막 부분과 4주차에서 따로 자세히 다루겠지만 그전까지는 다시 읽었을 때 내 마음에 들지 않는 부분을 점검하고 가볍게 고치는 수준으로 합니다. 위에서 쓴 문장이 마음에 들지 않을 경우 다시 쓰거나 보완해서 쓸 점은 무엇인지 생각해 보고, 그런 문장에는 밑줄을 그어 보세요.

문장에서 문단으로, 실전 연습

실전 연습에서는 기초 다지기 단계에서 쓴 글을 바탕으로 한 문단을 써 보는 연습을 합니다. '회의에서 누군가의 목소리가 거슬렸다.'라는 상황을 선택했다면 그 상황의 앞뒤 이야기를 만들어 보는 것입니다. '오늘의 회의는 무엇이었다. 어떤 사람들이 어떤 회의실에 모였다. 회의 분위기는 어떠했다. 이 대리가 어떤 상황에서 어떤 이야기를 시작했다. 그의 목소리가 거슬렸다. 혹은 인상적이었다. 나는 어떤 생각을 했다.' 이런 정도로 전체적인 장면을 만들어서 문장을 써 보는 것입니다.

1 10개 이하의 문장으로 한 문단 써 보기

한 문단에 긴 문장을 너무 많이 넣으면 읽기 힘듭니다. 10개 이하의 문장으로 여섯 줄을 넘지 않는 문단을 써 보세요.

➣ 출퇴근 시간의 지하철에는 언제나 사람들이 가득하다. 계단을 내려가면서 플랫폼에 줄선 사람들을 보는 것만으로도 어깨가 무거워진다. 저 사람들 틈에 끼어 지하철을 타고 가야만 한다. 게다가 요즘은 겨울이라 온통 검은색이다. 여기도 저기도 검은 롱 패딩. 그 사이에 서면 정말 내가 김밥 속이 된 기분이다. 오늘은 옆에 선 어린 여학생이 빨간색 패딩을 입고 있었다. 눈앞에서 빨간색이 어른거릴 때마다 기분이 상쾌해졌다. 아무런 이유가 없어도, 온통 검은색 사이에서 빨간색을 보는 것만으로도.

나 혼자 해 보기

기초 다지기 단계에서 쓴 문장들을 바탕으로 10개 이하의 문장을 이용해 여섯 줄 이내의 한 문단을 써 보세요.

---

2 **1**의 〈나 혼자 해 보기〉에서 쓴 글 고쳐 쓰기

쓴 문단 내용 중 마음에 들지 않거나 잘못 썼다고 생각되는 부분, 다시 고쳐 쓰면 더 잘 쓸 수 있다고 생각하는 부분에 밑줄을 긋고 고쳐 쓰세요.

이 문단에서 이야기하려는 것이 무엇인가요? 예시에서는 빨간색 패딩을 보는 것만으로도 기분이 좋았다는 것입니다. 그 말을 하기 위해서 무엇이 필요할까요? 어디에서 보았나? 누가 입었나? 어떤 상황이었나? 하고 싶은 말을 하기 위해서 독자에게 알려 줘야 할 정보들이 있습니다. 구체적인 정보들을 독자에게 미리 문장으로 정확하게 제시하는 것이 필요합니다. 그 점을 생각하면서 자신이 쓴 문장들을 고치거나 다시 써 보세요.

글 쓰는 데 익숙하지 않은 사람들은 쓸 게 없다는 말을 참 많이 합니다. 일기의 글감(소재) 찾기가 막막할 땐 아래의 방법들을 써 보세요. 일기 쓰기나 글쓰기 습관이 들지 않았을 뿐, 뭐라도 쓸 수 있는 거리들은 널렸습니다. 잠시만 곰곰이 생각해 보세요. 누가 볼지도 모른다는 막연한 두려움은 배제한 채 오롯이 보고 느낀 점에 집중하여 솔직하게 써 내려간다면 일기 쓰기는 결코 어려운 활동이 아닙니다.

1 눈앞에 보이는 것들을 관찰한다

가령, 내가 사무실에 앉아 있다면 환경에서 바로 보이는 파티션, 모니터, 키보드, 스탠드, 필통, 텀블러, 각종 서류들, 옆자리 동료 등을 떠올릴 수 있고 그에 관한 얘기만 써도 상당한 이야깃거리가 나옵니다.

> **예** 이 파티션은 높아서 사생활 보호는 잘되지만 소통에는 약간의 어려움이 있지. 파티션 높이를 좀 낮춰 달라고 건의했던 것 같은데, 회사 측에서 답변이 없네.

2 오늘을 아침-점심-저녁으로 나누어 각 시간대별로 했던 일을 적어 본다

> **예** 오늘 아침에 배송시켜 먹은 빵이 맛있었지, 점심시간에 가까운 식당에 가는데도 무척 더웠지, 저녁까지 야근하느라 보고 싶은 야구 경기를 못 봤지 등.

3 오늘 만난 사람이나 사건을 떠올려 인상적이었던 일들은 사소한 것이라도 메모한다

전철역에서 초등학교 동창을 만났는데 오래도록 연락을 안 하고 지낸 사이라 그냥 지나쳤더니 마음이 쓰인다, 인터넷에서 끔찍한 살인 사건 기사를 봤는데 내 일이 아닌데도 기분 나쁘고 화도 났다, 퇴근 후 다닐 요량으로 요가 학원에 등록했다 등.

4 **1** ~ **3**의 단상을 생각하며 그때그때의 감정에 대해 적고 연결한다

그때 혹은 그 사건 때문에 이러이러해서 신났다, 긴장했다, 먹먹했다, 행복했다⋯ 등.

이런 크고 작은 혹은 사소한 말들이 모여 나의 하루가 완성됩니다. 글을 쓰면 쓸수록 글감이 더욱 풍부해지는 경험을 하게 될 것입니다. 중요한 건 짧게라도 '매일 쓰는 습관을 들이는 것!'입니다.

자꾸자꾸 쓰고 싶은
쓰기 노트

일기 쓰기
감정을 문장으로 묘사하기

목표 일기 쓰기의 기본 구성 이해를 바탕으로 감정을 묘사하는 방법을 익힌다.

기초 다지기

1일차에서는 보고 들은 것과 경험한 것을 그대로 문장으로 옮기는 훈련을 했습니다. 오늘은 1일차에서 보고 듣고 경험하면서 느낀 감정을 문장으로 묘사하는 훈련을 합니다. 오늘의 일기 쓰기는 어제보나 쉽고 편안하게 느껴질 것입니다. 처음은 아침부터 있었던 일을 시간 순으로 떠올려 보는 것으로 시작합니다. 추상적이거나 거창하고 심오한 담론보다는 일상적인 것에서 먼저 시작해 보세요.

1 느낀 것을 단어로 정리하기

아침에 일어나 세수를 하고, 아침을 먹고, 외출복으로 갈아입고 밖으로 나왔습니다. 세수를 하면서 어떤 생각이나 감정이 들었나요? 잠이 덜 깨서 아무 생각이 없었나요? 머리가 멍해서 기계적으로 했나요? 아니면 어제 잠을 설쳐서 기분이 안 좋은가요?
뭔가를 보고 듣거나, 행동하는 순간에 느꼈던 감정을 5개의 단어로 써 보세요.

➡ ① 불쾌 ② 묵직 ③ 상쾌 ④ 좋았다 ⑤ 불안하다

2 1 의 단어를 이용해 간단한 문장 쓰기

감정을 한 단어로 쓰는 것은 간단합니다. 나는 기쁘다, 화가 났다, 슬프다 등. 하지만 이렇게 한마디로 감정을 표현하기 위해서는 전후 맥락이 분명해야 합니다. 나는 왜 기쁜 것일까. 어떤 생각을 해서? 무엇을 봐서? 어떤 순간이라서? 감정을 말하고, 그런 감정을 느낀 상황을 간단한 문장으로 쓰면 이렇게 됩니다.

➡ 찬바람이 불었다. 기분이 좋았다.
    지하철을 눈앞에서 놓쳤다. 짜증이 났다.

이제 앞에서 나열한 5개의 단어를 이용한 문장을 써 봅니다.

➡️ ① 세수를 하면서 **불쾌했다.**

② 어젯밤 잠을 설쳐서인지 머리가 **묵직했다.**

③ 아파트 현관문을 열고 나가자 찬 바람이 얼굴을 스치고 지나갔다. 기분이 **상쾌했다.**

④ 횡단보도 앞에 서자마자 신호등이 초록불로 바뀌었다.

오늘은 뭔가 일이 잘 풀리려는지 느낌이 **좋았다.**

⑤ 회사 엘리베이터 앞에 도착했는데, 내려온 엘리베이터에 사람들이 꽉 차 있었다.

엘리베이터 안에 있던 김 과장이 나를 본 것 같았다. 왠지 **불안했다.**

나 혼 자 해 보 기

앞에서 배운 방법을 이용해 혼자 써 보는 활동입니다. 오늘 아침부터 어떤 감정을 느끼며 하루를 보냈나요? 있었던 일과 만났던 사람을 떠올려 보고, 그때 느꼈던 감정을 4~6개의 단어로 적어 보세요. 그런 다음 그때의 감정을 문장으로 묘사해 보세요.

오늘 느낀 감정을 4~6개의 단어로 적어 보기

① _____ ② _____ ③ _____

④ _____ ⑤ _____ ⑥ _____

각 감정을 나타낸 낱말을 넣어 자유롭게 문장 만들기

① _____

② _____

③ _____

④ _____

⑤ _____

⑥ _____

내가 쓴 문장을 소리 내어 읽어 보세요. 그 순간의 느낌을 문장으로 정확하게 표현했다고 생각될 때까지 계속 고쳐 씁니다.

감정을 솔직하게 써 내려가는 일들은 의외로 쉽지 않습니다. 인간의 감정은 시시각각 변하고 복잡하기 때문이죠. 느낀 감정에 대해 썼는데 초등학생 일기처럼 너무 간단하다면 조금 더 구체적으로 파고들어 씁니다. '찬 바람이 얼굴을 스쳤다. 기분이 좋았다.' 그렇게 느꼈다면 왜 그런지 이유를 생각해 보세요. 너무 더운 날들이 계속되었기 때문에 찬 바람이 좋은 것일까요? 아니면 잠이 덜 깨 정신이 멍했는데 찬 바람을 쐬었더니 좀 정신이 들어 기분이 좋은 것일까요? 감정을 느끼는 것은 다 이유가 있습니다. 하나의 문장으로 감정을 표현했다면, 앞과 뒤로 붙는 문장 쓰는 연습을 보세요. 그에 앞서 단어나 구로 10개 이상 나열해 보는 과정을 거치도록 합니다.

➤ ① 불면의 밤   ② 늦잠   ③ 지각   ④ 불안   ⑤ 만 원의 행복   ⑥ 즐거움   ⑦ 불쾌
　　⑧ 뿌듯하다   ⑨ 축의금   ⑩ 고민스럽다

위에 나열한 단어나 구에서 5개를 골라 문장으로 표현해 보세요. '현관문을 열고 나서자 찬바람이 얼굴을 스치고 지나갔다. 기분이 좋았다. 9월인데도 더웠는데, 이제 곧 가을이 오려는 것일까.' 이렇게 문장을 연결해서 써 봅니다.

➤ ① 어젯밤도 **불면의 밤**이었다. 잠을 못 잤더니 내일 **늦잠**을 자서 지각할까 불안하다.
　　② 길에서 만 원짜리 지폐를 주웠다. 이런 횡재는 오랜만이다. **만 원의 행복**이 즐거웠다.
　　③ 지하철에서 지나가는 사람이 비켜 달라는 말 없이 손으로 등을 밀었다. **불쾌했다.**
　　④ 새벽 수영을 시작한 지 한 달째다. 몸이 건강해지면서 마음도 튼튼해지는 것을 느낀다.
　　　건강해지니 매사 의욕과 생기가 돌아 **뿌듯하다.**
　　⑤ 많이 친하지 않은 친구가 결혼한다고 연락해 왔다.
　　　가야 하나 말아야 하나부터 **축의금**은 얼마를 내야 하나 여러 가지로 **고민스럽다.**

앞에서 쓴 '오늘 느낀 감정'을 주제로 단어와 구, 더 나아가 문장으로 표현해 봅니다. 대표적인 감정을 하나 떠올려 왜 이런 감정을 느끼게 되었는지 구체적으로 파고들면서 유기적인 연관 관계에 있는 문장을 앞뒤에 붙여 보세요.

단어나 구를 5개 이상 나열하기

_____

_____

_____

_____

_____

위에 쓴 단어나 구 중 하나를 골라 문장으로 표현하기

① _____

_____

② _____

_____

③ _____

_____

④ _____

_____

⑤ _____

_____

이 문장에서 내가 말하고 싶은 감정이 무엇인지, 내가 쓰고자 하는 내용에 부합하고 의도한 바가 효과적으로 잘 드러났는지 생각해 보세요. 위에서 쓴 문장이 마음에 들지 않을 경우 다시 쓰거나 보완해서 쓸 점은 무엇인지 생각해 보고, 그런 문장에는 밑줄을 그어 보세요. 다음 단계에서 고쳐 쓰기를 합니다.

문장에서 문단으로, 실전 연습

이제 앞 단계에서 쓴 문장을 바탕으로 한 문단을 써 보는 활동을 합니다. 아침에 일어나 회사에 도착하기까지의 과정을 쓰고, 그 상황 속에서 느끼는 감정들을 조금 더 파고들어 자세히 써 봅니다. '잠을 못 잤다. 기분이 멍했다. 찬바람을 맞았다. 기분이 상쾌했다. 신호등이 내 앞에서 초록불로 바뀌었다. 좋은 날이다. 지하철을 코앞에서 놓쳤다. 우울해졌다. 엘리베이터 문이 닫히며 김 과장과 눈이 마주쳤다. 불안하다.' 등. 모든 감정을 다 쓰고 일일이 설명할 필요는 없습니다. 자연스럽게 상황을 말하며 드러나는 감정을 쓰는 것이 중요합니다.

1 10개 이하의 문장으로 한 문단 써 보기

10개 이하의 문장을 사용해 여섯 줄 분량의 한 문단을 써 보세요.

➡ 뭔가 불안했던지 잠을 설쳤다. 알람 소리에 겨우 눈을 떠 세수를 했는데도 머리가 멍했다. 아침을 어떻게 먹었는지도 모르게 현관을 나섰는데 찬바람이 얼굴을 스친다. 눈이 번쩍 뜨이는 것 같았다. 이제 가을인 건가. 기분 좋게 횡단보도 앞에 서니 신호가 바로 초록불로 바뀌었다. 하지만 이후는 불운의 연속이었다. 지하철을 코앞에서 놓치고, 회사 도착 후 간발의 차이로 엘리베이터가 눈앞에서 닫혔다. 게다가 평소 나를 탐탁지 않게 생각하는 김 과장과 눈이 마주쳤다. 불안해졌다. 뭔가 잘못했거나 잊어버린 게 있나 생각하며 계단을 뛰어올라갔다.

나 혼 자 해 보 기

기초 다지기 단계에서 쓴 문장들을 바탕으로 10개 이하의 문장으로 여섯 줄이 넘지 않는 한 문단을 써 보세요.

2 **1**의 〈나 혼자 해 보기〉에서 쓴 글 고쳐 쓰기

앞에서 쓴 문단을 다시 한번 천천히 읽어 보세요. 뭔가 부정확하다거나 잘못 썼다고 생각하는 부분, 고쳐 쓰고 싶은 부분에 밑줄을 그었으니 이번에는 그 글을 고쳐 써 봅니다. 먼저 내가 이 문단에서 말하고 싶은 게 무엇인지 생각해 봅니다. 그리고 그것을 말하기 위해 드러내는 감정이 무엇인지 생각합니다. 예시에서 드러내려는 감정은 '불안'입니다. 이유가 무엇인지는 다음 상황에서 나오겠지요. 아침의 여러 가지 상황들을 보여 주면서 쌓여 가는 불안함을 보여 주는 것이 필요합니다. 하나씩 상황을 짚어 가면서 그 순간의 감정을 생각하고, 이것들을 어떻게 문단의 마지막에서 불안감으로 모을 수 있는지 생각해 보세요. 자신이 쓴 문단을 읽어 보세요. 그런 다음 무엇을 말하고 싶었는지 생각하면서 자신이 쓴 문장을 고치거나 다시 써 보세요.

여기서 잠깐! 　문장과 문단은 어떻게 다를까?

'문장'이란 어떤 생각이나 느낌을 글자로 적은 것으로, 완결된 내용을 나타내는 최소 단위입니다. 마침표나 느낌표, 물음표로 구분할 수 있습니다. '문단'은 몇 개의 문장이 모여서 하나의 중심 생각을 나타낸 것입니다. 문단은 그 자체로 완전하지만 보다 큰 단위인 장이나 글의 일부분이기도 합니다. 문단은 처음에 한 칸의 공백(한 칸을 띄움)을 두고 시작하므로 공백은 문단이 시작됨을 의미합니다. 그리고 한 문단의 시작은 단 한 번이기 때문에 공백도 단 한 번 있습니다. 따라서 몇 개의 문단으로 이루어진 글에는 몇 개의 공백이 있습니다.

다음은 몇 문단, 몇 문장인가요?

　동해물과 백두산이 마르고 닳도록 하느님이 보우하사 우리나라 만세. 남산 위에 저 소나무 철갑을 두른 듯 바람서리 불변함은 우리 기상일세. 가을 하늘 공활한데 높고 구름 없이 밝은 달은 우리 가슴 일편단심일세. 이 기상과 이 맘으로 충성을 다하여 괴로우나 즐거우나 나라 사랑하세.

　무궁화 삼천리 화려강산, 대한 사람 대한으로 길이 보전하세.

　이 곡은 안익태 선생이 작곡한 곡으로, 대한민국 국가입니다. 빠르기는 '보통 빠르게'로 연주합니다.

　　　　　　　　　　　　　　　　　　　　　　　　　　　　　　정답: 3문단, 7문장

자꾸자꾸 쓰고 싶은
쓰기 노트

일기 쓰기

경험한 사건을 문장으로 묘사하기

목표 경험한 사건을 문장으로 묘사하는 능력을 키워 글쓰기의 기초를 다진다.

기초 다지기

사건이란 무엇을 말할까요? 아침에 일어나 한 일들을 떠올려 봅시다. 세수를 하고, 아침을 먹고, 지하철을 타고, 회사나 학교에 왔습니다. 이런 일들은 굳이 사건이라고 부르지는 않습니다. 매일 똑같이 벌어지는 일은 일상이라고 합니다. 사건은 뭔가 주목하거나 생각할 필요가 있는 일이나 상황을 말합니다. 국어사전에서도 사건을 '사회적으로 문제를 일으키거나 주목을 받을 만한 뜻밖의 일'이라고 정의합니다.

다만, 사회적인 사건만이 아니라 개인에게 주목할 만한 일도 사건이라고 부를 수 있습니다. 사고가 난다면 그것은 개인에게 커다란 사건이 됩니다. 사회적으로 중요한 일은 아니지만 개인적으로는 중요한 일이니까요. 아침에 세수를 하기 위해 목욕탕에 들어가다가 미끄러져 넘어지면서 머리를 부딪혀 피가 난다면 사건이지요. 지하철에서 누군가의 가방 열쇠고리에 걸려 옷이 찢어진다면 사건이라할 수 있습니다. 사회적으로는 의미가 없겠지만 나 자신에게는 사건입니다.

1 경험한 사건에 대한 제목 쓰기

오늘 하루를 생각해 보면서 사건이라고 할 만한 것이 있는지 생각해 봅니다. 보통 일기는 그날 있었던 일 중에서 가장 중요하거나 의미 있는 사건을 골라서 씁니다. 아주 사소해도 좋습니다. 평소와 다른 일이나 조금 다른 생각을 하게 만들었던 사건을 떠올려 구나 문장으로 5개 이상 써 보세요.

➤ ① 어이없는 양치질 사고
　② 우연히 만난 반가운 친구
　③ 박 선생님이 그런 사람이었다니.
　④ 사무실 엉망 이용자 천태만상
　⑤ 망했다, 면접

일상에서 벌어지는 사소한 사건부터 대학이나 직장에 합격한다거나 연애를 시작한다거나 하는 중요한 사건까지, 개인에게도 여러 사건들이 일어납니다. 때로는 역사적, 사회적으로 의미 있는 사건에 내가 개입될 수도 있겠지요. 일기는 주로 사건에 대해 씁니다. 나에게 벌어진 사건, 내가 본 사건, 나에게 영향을 주는 사건 등을 말합니다.

사건은 구체적인 상황, 이유와 결과, 감정 등을 모두 포함합니다. 사건에 대해 쓴다는 것은 전후좌우 상황만이 아니라 연관되는 모든 것을 생각하고 쓴다는 뜻입니다. 하나의 사건에 대해 생각해 보고, 그 사건의 전후 과정을 문장으로 씁니다. 앞에서 나열한 10개의 단어를 이용해 문장을 만들어 보세요. 사소하지만 강렬했던 사건을 떠올리며 자세하게 묘사하는 문장을 써 봅니다.

➡ ① 어제는 새벽까지 잠이 들지 않았다.

② 그래서인지 아침에 깨어나는 것이 유난히 힘들었다.

③ 욕실에 들어갈 때도 거의 졸고 있었다.

④ 칫솔을 꺼내 들고 치약을 발랐다. 세면대의 물을 틀어 적시고, 양치를 시작했다.

⑤ 평소처럼 오른쪽, 왼쪽, 위, 아래로 움직인다고 생각했는데 순간 눈이 번쩍했다.

⑥ 입에 들어가 있는 칫솔을 빼고 왼쪽 손으로 볼을 어루만졌다.

⑦ 입안이 화끈거리고, 시큼한 맛이 나는 것도 같았다.

⑧ 손가락을 넣어 만져 봤는데 다행히 피는 나지 않았다.

⑨ 매일 습관처럼 하는 일이라도 잠깐 정신을 놓으면 다칠 수 있다는 걸 다시금 깨달았다.

나 혼자 해 보기

앞에서 배운 방법을 이용해 혼자 써 보는 활동입니다. 오늘 있었던 일들 중 사건이라 할 만한 일을 떠올리며, 사건과 관계된 핵심 낱말이 들어간 제목 3개를 써 보세요. 그리고 이 낱말들을 이용해 어떤 사건이었는지 알 수 있도록 인과 관계가 잘 드러나게 2개 이상의 문장으로 써 보세요.

오늘 있었던 사건을 3개의 제목으로 적어 보기

① _____

② _____

③ _____

사건과 관계 있는 낱말을 이용해 자유롭게 2개 이상의 문장 만들기

① _____

_____

② _____

_____

③ _____

_____

내가 쓴 문장을 소리 내어 읽어 보면서, 그 순간의 경험을 떠올려 보세요. 그 순간을 문장으로 제대로 표현했다고 생각될 때까지 고쳐 보세요.

3 단어와 어구를 조합해 더 자세히 쓰기

앞에서는 있었던 사건을 문장으로 써 보았습니다. 이제는 더 구체적으로 표현해 보는 연습을 합니다. 잘 지내다가 갑자기 나를 외면하는 듯한 친구, 존경하는 교수님이나 상사가 실언을 해 실망한 일, 오해가 불거져 다투었던 일, 회사에서 승진한 일 등 오늘 있었던 인상적인 사건을 떠올려 보세요.

머릿속에 떠오르는 대로 10개의 단어나 구로 나열해 봅시다.

➡ ① 학교 ② 친구 ③ 반가운 인사 ④ 외면 ⑤ 전면 재작업 ⑥ 울고 싶은 순간
⑦ 넘어짐 ⑧ 보이고 싶지 않았던 가방 속 물건 ⑨ 중학교 동창 ⑩ 이메일 연락

앞에 나열한 단어나 구에서 5개를 골라 문장으로 표현해 보세요.

✐ ① 학교에서 친구를 만나 멀리서 반가운 마음에 손을 들었는데 그 친구가 외면했다.

② 회사에서 진행한 어려운 프로젝트가 무사히 끝난 줄 알았는데 전면 수정 지시가 들어왔다.

③ 밤에 아이들을 재우고 책을 보려고 했는데 첫째가 깨서 울더니 둘째까지 운다. 속상하다.

④ 바삐 뛰다가 지하철역 계단에서 넘어졌다. 가방 속 물건이 우르르 쏟아져 나왔다. 아픈 것은 둘째 치고 너무 창피한 마음에 얼른 주워 담고는 후다닥 사라졌다.

⑤ 중학교 동창에게 10년 만에 이메일로 연락이 왔다. 미국에서 유학 중이란다. 오래 연락하지 않은 사이였지만 너무 기쁘고, 이메일이 이런 용도로 쓰인 게 얼마 만인가 싶다.

나 혼 자 해 보 기

앞에서 쓴 '오늘 있었던 여러 가지 사건'을 문장으로 표현해 봅니다. 오늘 있었던 인상적인 사건을 복수로 선택해 사건의 전후 과정과 그를 통해 느끼거나 깨달은 점을 써 봅니다. 먼저 단어나 구로 오늘의 여러 사건과 관련된 단어나 구를 5개 이상 나열한 뒤, 이를 바탕으로 문장으로 자세히 표현해 보는 연습입니다.

단어나 구를 5개 이상 나열하기

위에 쓴 단어나 구 중 3개를 골라 문장으로 표현하기

①

②

③

위에 쓴 문장을 다시 읽어 보세요. 내가 겪은 사건이 정확하게 쓰여 있나요? 전후 과정의 어떤 부분을 빠뜨린 것은 아닌가요? 구체적인 부분을 소홀하게 다뤄 정확히 어떤 상황이 벌어진 것인지 이해하기 어렵지는 않나요? 불명확하거나 틀린 부분을 수정하면서 다시 한번 노트나 메모지에 써 보세요.

하나의 사건을 두 개 이상의 문단으로 쓰기, 실전 연습

이번 실전 연습에서는 앞 단계와는 다르게 기초 단계에서 쓴 글을 좀 더 길게, 두 개 이상의 문단으로 써 보는 연습을 합니다.

가령, '학교에 들어서면서 본 친구가 나를 외면했다.'라는 사건이 있었다고 가정해 봅시다. 처음 그 친구를 보고 그가 나를 외면했다고 생각한 상황은 무엇인지, 전후 관계를 잘 생각하고 정리하여 써 보세요. 주변의 상황이 필요하다면 쓰고, 그 순간 나의 감정이 중요했다면 그것에 대해서도 쓰세요. 그리고 내가 왜 이 사건을 오늘의 중요한 사건이라 생각하는지도 문장으로 써 보세요.

1 10개 이하의 문장으로 한 문단 써 보기

➡ 학교 정문을 들어서는데, 오랜만에 저 멀리에 있는 A를 보았다. 반가워서 손을 흔들었다. 그런데 A는 흘깃 나를 보는 것 같더니만 고개를 돌려 다른 방향으로 가 버렸다. 어? 이상하다. 나를 못본 것일까? 아니면 보고 일부러 피한 것일까? 과연 어느 쪽일까.

2 1의 사건을 두 문단으로 나누어 더 자세히 써 보기

➡ 학교 정문을 들어섰다. 수업 시작까지 아직 시간이 넉넉했다. 마침 오른편 사회과학관 옆에서 친구인 A의 모습을 보았다. 아마 나하고 같은 수업일 텐데. 나는 반가워서 A를 향해 손을 흔들었다. 그 순간 A는 분명히 나를 본 것 같았다. 하지만 고개를 돌리며 나와 반대편으로 방향을 틀어 가 버렸다. 나를 보지 못한 것일까? 아니다, 분명히 봤다. 그렇다면 왜?

강의실로 가면서 내내 생각했다. 마지막으로 A와 대화한 것이 언제였지? 2주 전인가? 이전까지는 주마다 두어 번은 만나고 커피를 마시거나 밥도 먹으며 대화했는데, 최근에는 기억이 없다. 마지막으로 했던 대화를 떠올려 봤다. 아무리 생각해 봐도 별다른 게 없었다. 여자 아이돌 가수 이야기, 교수님 이야기, 조별 과제 등등. 의견이 대립한 적도 딱히 없었고, 이상한 소리를 하지도 않았다. 대체 무엇일까? 직접 물어봐야 할까? 이상하게 이 일이 신경 쓰여 오늘 하루 종일 고민했다. 아직도 이유를 모르겠다.

나 혼 자 해 보 기

기초 다지기 단계에서 쓴 사건들 중 하나를 골라, 10개 이하의 문장으로 여섯 줄이 넘지 않게 한 문단을 써
보세요.

이번에는 위에 쓴 내용을 두 문단으로 나누어 더 자세히 써 보세요.

①

②

사건에 대해 쓴 내용을 다시 읽어 보세요. 보통 일기를 쓰면서 크게 고치지는 않습니다. 일기는 내가 쓰고 싶은 일에 대해 내 감정과 생각을 솔직하게 적고, 나 혼자 읽는 것이니까요. 하지만 지금 필요한 것은 장기적으로 글을 잘 쓰기 위한 연습으로서 일기를 쓰는 것입니다. 내가 쓴 단어, 문장, 문단을 검토해 보고 더 적합하고 좋은 단어와 문장과 문단이 무엇일지 끊임없이 생각해 봐야 합니다. 글을 쓰고 난 후에 다시 검토하여 고치는 이런 과정을 흔히 '퇴고'라고 하지요. 전문적인 성격의 글은 쓰고 나서 반드시 몇 번의 퇴고를 거쳐야 합니다. 대개 아마추어로서 쓰는 글은 그럴 필요가 없다고 생각하지요. 그것도 맞는 말입니다. 하지만 나의 목표가 글을 잘 쓰는 것이라면 반드시 퇴고하는 습관을 들이고, 퇴고에도 글 쓰는 것만큼 공력을 들여야 합니다. 퇴고를 거쳐야만 글이 좋아지고, 어떻게 해야 글이 좋아지는지 알아야만 더 좋은 글을 쓸 수 있기 때문입니다.

하나의 사건을 두 문단으로 나누어 쓸 때는 첫 번째 문단과 두 번째 문단을 나누어 쓸 만한 새로운 전개가 있는지, 어디서 나누어야 적절한지 등을 고려합니다.

| 여기서 잠깐! | 좋은 문장의 요건 |

1 완전해야 한다

문장은 적어도 하나의 완전한 생각을 나타내야 합니다. 만약 완전한 생각을 나타내지 못하면 그건 문장의 부분일 뿐이지 결코 완전한 문장이라고 할 수 없습니다.

예 완전하지 못한 문장: 공기 청정기 필터 교체하는 방법
완전한 문장: 누구나 설명서를 보면 공기 청정기 필터를 바꾸는 방법을 손쉽게 배울 수 있습니다.

2 구체적이고 명료해야 한다

문장에서 둘 이상의 해석이 가능하게 문장을 쓰면 읽는 이가 혼란스럽고 의미를 오독할 수 있습니다. 될 수 있으면 이해하기 쉽고 한정적인 방법으로 하나의 중심 내용을 전달해야 합니다. 너무 광범위하거나 일반적이면 안 되고 의미를 좁은 범위로 제한할 수 있어야 합니다.

예 명료하지 못한 문장: 악기를 다루기 위해서는 그 악기에 대해 무언가 알아야 할 필요가 있다.
명료한 문장: 피아노를 잘 치기 위해서는 운지법을 제대로 익혀야 하고 오랜 시간 손가락 훈련을 해야 합니다.

3 적합한 단어를 선택해야 한다

적합한 단어란 전달하고자 하는 의미를 가장 정확하게 알려 주는 단어입니다. 적합한 단어의 선정은 문장을 완전, 명료, 구체적으로 표현해 주며 생동감을 부여합니다. 글을 쓸 때 적합한 단어를 선정해 사용하는 연습은 필수입니다.

예 '마른 몸', '경찰'이란 단어도 어떤 뉘앙스로 표현하느냐에 따라 느낌이 달라집니다.

중립적 표현	긍정적 표현	부정적 표현
마른 몸	날씬한 몸	뼛가죽만 남은 몸
경찰	민중의 지팡이	짭새

자꾸자꾸 쓰고 싶은
쓰기 노트

일기 쓰기
보고 듣고 생각한 것 쓰기

목표 보고 듣고 생각한 것을 쓰는 능력을 키워 글쓰기의 기초를 다진다.

기초 다지기

지난 3일 동안 보고 들은 것을 쓰기, 감정을 문장으로 묘사하기, 사건을 문단으로 정리해 보았습니다. 이 훈련만으로도 이미 이 책을 보기 이전보다 글쓰기 실력이 향상돼 있을 것입니다.

오늘은 일기가 무엇인지 다시 한번 생각해 보는 시간을 갖겠습니다. 일기는 앞서 수없이 말했듯이 하루에 있었던 일, 생각, 사건을 글로 쓴 것입니다. 보고 들은 것 중에서 가장 인상적이었던 것은 무엇일까. 출근길에 차 몇 대가 뒤엉킨 교통사고 현장을 본 것이 하루 종일 머릿속을 떠나지 않을 때가 있습니다. 나하고는 직접적인 관계도 없는 일인데 말입니다. 하지만 차가 부서진 모습, 사고 당사자인 사람의 황망한 표정 등은 기억에 강렬하게 박혀 버립니다. 쉽게 지워지지 않지요. 그 풍경을 그대로 일기에 옮기는 경우도 있습니다.

그런데 목격한 사건일지라도 단지 내가 본 것만을 쓰지는 않지요. 그 순간에 내가 어떤 감정을 느꼈고 어떤 생각을 했는지 감정과 생각을 이어서 쓰게 됩니다. 즉, 사건 현장을 목격했을 때의 시각적인 충격만으로 끝나지 않고, 어떤 감정과 생각을 이어서 하게 됩니다. 단순하게 나도 운전할 때 조심해야겠다고 생각할 수도 있습니다. 차의 파손 정도가 심하다면 피해자를 걱정할 수도 있습니다. 많이 다친 것은 아닐까? 하고요. 출근하면서 이런 사고를 당한 사람들의 심정은 어떨까 헤아릴 수도 있지요. 어쩌면 사고 현장을 보면서 어쩌다가 사고가 일어난 것인지 추리해 볼 수도 있습니다. 이런 여러 생각들이 한데 어우러지다 보니 그날 종일토록 기억에서 사라지지 않는 것이겠지요.

일기를 쓰는 것은 보고 들은 것과 함께 나의 생각, 감정을 쓰는 것입니다. 상황의 묘사만이 아니라 보고 들은 나의 주관적인 시선이 함께 들어갑니다. 3일째에 쓴, 경험한 사건을 문장으로 표현하기를 떠올려 봅시다. 하나의 사건을 쓰기 위해서는 풍경의 묘사나 전후 상황을 전달하는 것만으로는 부족합니다. 이제는 사건을 보고 듣는 나의 생각까지 함께 씁니다.

오늘의 일기를 쓴다고 생각해 보세요. 오늘 있었던 많은 일들 중에서 가장 인상적이었던 것은 무엇인가요? 그 사건을 떠올려 보세요. 사건을 생각하면서 떠오르는 것들을 무작위로 적어 보세요. 단어도 좋고, 문장도 좋습니다. 자유 연상으로 떠오르는 것을 차례대로 적어 보세요.

1 오늘 인상적이었던 것을 단어, 구, 문장으로 자유롭게 써 보기

➤ ① 불면증. 멍하다.

② 양치하다 칫솔로 안쪽을 찔렀다.

③ 안 좋은 징조

④ 지하철도 눈앞에서 떠나 버렸다.

⑤ 학교 정문. 친구 A.

⑥ 손을 흔들었지만 그냥 가 버렸다.

⑦ 내가 뭘 잘못했나.

⑧ 아무리 생각해도 모르겠다.

⑨ 내가 먼저 이야기를 해야 하나. 그냥 기다리고 있을까.

⑩ 잘 모르겠다. 마음이 답답하다.

나 혼 자 해 보 기

오늘 인상적이었던 사건을 단어나 구, 문장으로 자유롭게 써 보세요.

_____

_____

_____

_____

_____

_____

_____

1 에서 나열한 사건의 전후 과정, 생각, 감정들을 나열해 봅시다.

✏ 잠을 못 자 멍한 상태에서 양치질하다가 칫솔로 입 안쪽을 찔렀다. 느낌이 안 좋았다. 눈앞에서 전철을 놓쳤다. 찜찜했다. 학교에서 친구를 봤다. 나를 외면한다. 왜일까? 내가 뭔가 실수한 게 있나? 기분을 상하게 만들었나? 곰곰이 생각해 봐도 잘 모르겠다. 혹시 나를 못 보고 지나친 것 일 수도 있지 않나. 어떻게 하지?

이 정도가 될 것입니다. 그러면 이것을 하나의 일기로 어떻게 쓰면 될까요? 시간 순으로 쓰는 것이 가장 일반적입니다. 일어났던 일 그대로 하나씩 떠올리며 쓰면 되죠. 그간의 일기도 아마 시간 순서대로 쓴 것이 가장 많았을 것입니다. 시간과 의식의 흐름대로 일기를 쓰는 방식은 많이 해 보았으니 이제 다른 방식으로도 일기 쓰는 연습을 해 봅니다. 나의 생각을 먼저 드러낼 수도 있지요. 생각의 흐름대로 이어서 적어도 일기는 완성할 수 있습니다. 기본적으로 일기는 내가 내 생각이나 경험을, 내가 원하는 방식으로 쓰는 것입니다. 나만이 알아보도록 써도 문제는 없습니다.

앞에서 쓴 일기를 내 생각과 감정을 중심으로 다른 방식으로 써 봅시다.

✏ A는 나에게 화가 난 것일까? 모르겠다. 아무리 생각해도 알 수가 없다.
정문에서 A를 보고 손을 흔들었다. 분명히 나를 보았을 것이다. 하지만 바로 외면하고 다른 방향으로 걸어갔다. 대체 무슨 일일까? 전화라도 해서 물어볼까? 아니면 아무 일도 없었다는 듯, 실없는 문자라도 남겨 볼까. 어쩌면 A가 다른 생각에 빠져서 나를 보지 못했을 수도 있다. 그렇다면 그냥 기다리는 게 낫지 않을까.

오늘은 종일 재수가 없었다. 아침에는 칫솔로 입 안쪽을 찌르더니, 지하철도 눈앞에서 떠나버렸다. 어떤 징조였던 걸까? 몰라, 아무리 생각해도 모르겠다. 오늘은 자자. 그리고 내일 생각하자.

나 혼자 해 보기

1 의 〈나 혼자 해 보기〉에서 쓴 내용을 시간 순서대로 정리하여 쓰고, 이를 내 생각이나 감정을 중심으로 인상적으로 바꿔 쓰는 연습을 해 봅니다.

시간 순서로 일기 쓰기

내 생각이나 감정을 드러내 인상적으로 바꿔 쓰기

실전! 일기 쓰기

지난 3일 동안 보고 들은 것을 쓰기, 감정을 문장으로 묘사하기, 사건을 문장으로 묘사하기를 배우고 연습했습니다. 오늘은 여기에 보고 듣고 생각한 것, 방식을 바꾸어 쓰기까지 진도를 나갔고요. 이제부터는 직접 일기를 써 보는 연습을 시작합니다.

1 오늘 일기 쓸 거리를 자유롭게 적어 보기

_____

_____

_____

_____

_____

_____

_____

2 **1** 에서 쓴 내용을 몇 개의 문장으로 전개하기

_____

_____

_____

_____

_____

_____

_____

_____

1회

2회

4 고쳐 쓰기

일기를 고쳐 쓸 때는 우선 문장부터 시작합니다. 문장의 주어와 술어가 정확하게 맞는지, 틀린 단어가 없는지, 부정확한 표현이 없는지 등을 체크해 보는 것입니다. 정확한 문장을 만들기 위해서 고쳐 나갑니다.

정확한 문장을 만들면서 생각해야 할 점은 '내가 말하려고 하는 것이 정확하게 드러나는가'입니다. 일기의 독자는 나뿐이지만, 독자가 다수인 글을 쓸 때 가장 중요한 점이라고 할 수 있습니다. 내가 말하고 싶은 것은 A인데 어떤 독자는 B로 읽거나, C로 이해한다면 문제가 됩니다. 내 생각과 주장이 명확하게 드러나도록 문장을 고치는 것이 필요합니다. 다만 일기에서는 독자가 나 하나이기 때문에, 어떻게 읽히는가보다는 내가 어떻게 쓰는가가 더욱 중요하다고 할 수 있습니다. 앞에서 쓴 일기를 다시 한번 보면서, 나의 감정과 생각이 잘 표현되었는지 내 입장에서 생각하며 고쳐 봅니다.

글은 명쾌하게 쓰는 것이 좋습니다. 주어와 술어의 호응이 맞고, 군더더기 같은 표현을 줄이면 간결하고 명쾌한 글이 됩니다. 문장에서 군더더기를 줄이려면 습관적으로 넣어 쓰는 말 중 쓰지 않아도 의미가 통하는 말을 줄이는 연습이 필요합니다. 안 써도 되는데 많이 쓰는 말 중 대표적인 것이 '것, 의'입니다.

다음 문장들을 읽어 봅시다.

- 나는 그가 싫었던 **것**이다.
- 내가 살아남았다는 **것**에 대한 기쁨
- 우리가 교류한 **것**은 학창 시절부터다.

- 편집부와**의** 협력
- 극적인 노사분규**의** 해결
- 그간**의** 사태에 원만한 화해와 해결을 원합니다.

모두 '것, 의'가 없어도 되는 말입니다. 아래와 같이 고쳐 보면 '것'이나 '의'처럼 습관적으로 넣어 쓰는 말의 불필요함을 더 잘 알 수 있습니다.

- 나는 그가 싫었다.
- 내가 살아남았다는 기쁨
- 우리는 학창 시절부터 교류했다.

- 편집부와 협력
- 극적인 노사분규 해결
- 그간 사태에 원만한 화해와 해결을 원합니다.

이 외에도 ~적, ~들 등도 불필요하게 많이 쓰지 말고 꼭 필요한 문장과 글에만 쓰도록 합니다.

자꾸자꾸 쓰고 싶은
쓰기 노트

일기 쓰기
나의 하루

 자유자재로 한 문단 분량의 일기를 쓸 수 있다.

기초 다지기

오늘은 1주차의 마지막이자 일기 쓰기 마지막 날입니다. 앞서 4일 동안 일기를 쓰기 위해 필요한 여러 가지 훈련을 해 보았습니다. 배운 내용과 훈련을 다시 한번 되짚어 보겠습니다.

일기는 나의 하루를 기억하는 것입니다. 오늘 나의 하루는 어땠을까. 좋았나, 나빴나. 좋았다면 무엇이 제일 좋았을까. 그 사건이나 경험이 제일 좋았던 이유는 무엇일까. 그 사건을 통해서 나는 어떤 생각을 했을까. 이렇게 하루의 일을 정리해 봅니다.

다음은 정리한 사건을 글로 적는 과정입니다. 보고 들은 것을 묘사하고 느낀 감정을 글로 표현해 보고, 사건의 전후과정을 알기 쉽게 또는 내가 중요하다고 생각하는 순서대로 씁니다. 4일 동안 이 과정을 하나씩 훈련해 보았습니다. 쉽게 말하자면 테크닉을 익히는 과정이었지요.
그런데 이렇게 테크닉을 익히는 것만으로 모든 것이 완성되지는 않습니다. 운동을 배울 때 한두 가지 기술만 배운다고 끝나지 않는 것과 같습니다. 축구를 할 때는 공을 드리블하고 패스하는 것을 배웁니다. 다른 선수가 공을 가지고 뛰어가면, 패스를 받을 수 있도록 적합한 위치를 찾아내는 기술도 필요합니다. 슛 연습도 해야 하지요. 수비수라면 공을 몰고 오는 상대 선수를 막는 다양한 기술을 배웁니다. 그리고 팀이 구사하는 전술을 이해하고 적용하는 것도 익혀야 합니다.

일기를 쓰는 것도 이와 비슷합니다. 문장을 쓰는 법을 익힙니다. 상황과 감정을 표현하는 방법을 익힙니다. 사건을 논리적으로 서술하는 것도 익히죠. 일기에는 모든 것이 다 들어갑니다. 때로는 한두 가지만으로도 충분하겠지만 보통은 묘사와 표현, 서술, 주장 등 다양한 방법이 필요하지요.

하루 중 가장 중요했던 일을 쓰려면 우선 전체적인 구도를 잡아야 합니다. 어떤 문장과 문단으로 나의 하루에 대해 쓸 것인가를 생각합니다. 어떻게 가장 중요한 사건으로 갈 것인지 흐름을 잡습니다. 이케아 같은 조립 가구를 생각해 보세요. 각각의 부품이 빠짐없이 있는 걸 확인한 뒤에는 바로 설계도를 봅니다. 설계도가 없어도 이리저리 맞춰 가며 가구를 조립할 수는 있지만 훨씬 시간이 많이 걸리고, 힘도 더 듭니다. 일기를 포함해 모든 글을 쓸 때는 일종의 설계도나 흐름도를 먼저 생각해 보면 좋습니다.

하지만 설계도를 만드는 과정이 힘들다면, 일단 첫 문장을 쓰고 시간 순으로 또는 생각나는 대로 쓰는 것도 좋습니다. 처음부터 모든 형식과 방법을 다 동원하며 글을 쓸 필요는 없습니다. 시간 순으로 있었던 일을 적으며 가장 중요한 순간에 조금 더 집중해서 쓰는 것도 좋습니다. 머릿속에서 떠오르는 대로 써 나가도 좋습니다. 자동 기술까지는 아니더라도 떠오르는 대로 문장을 만들어 쓰는 것도 훈련이 됩니다. 처음 언급한 대로 일기에는 여러 가지 형식이 있습니다. 그리고 일기는 나를 위해 쓰는 것이고, 문장과 글쓰기의 훈련으로 가장 먼저 시작할 수 있습니다. 어렵다면 가장 쉬운 방법부터 시작하면 됩니다.

앞선 4일간의 과정을 반복해 보세요. 하루를 정리하고, 문장과 문단을 만들고, 하나의 사건을 논리적으로 풀어 가는 과정을 반복해서 쓰면 조금씩 실력이 늘 것입니다. 힘들거나 복잡하다고 생각하지 말고, 오늘 가장 중요한 사건을 시간 순서대로 적어 보세요.

1 **오늘 하루 중 가장 중요한 사건을 시간 순서대로 문장으로 쓰기**

➤ ① 오늘은 종일 운이 나빴다.

② 내가 맡은 일이 잘되지 않아 과장님에게 혼났다.

③ 퇴근할 시간이 될 무렵 회사 동료에게서 문자가 왔다.

④ 저녁 같이 먹자.

⑤ 우울해서 혼자 있고 싶기도 했지만, 그래도 같이 이야기를 하는 게 좋을 것 같았다.

⑥ 맛있는 음식을 먹었다.

⑦ 동료의 위로와 격려를 받았다.

⑧ 의례적인 일이라는 생각이 들기도 했다.

⑨ 하지만 헤어져 집으로 돌아오는 길, 기분이 확실히 좋아졌다.

⑩ 동료에게 고마움을 느꼈다.

오늘 하루 중 가장 중요한 사건을 시간 순서대로 문장으로 써 봅니다. 앞선 단계보다 조금 더 자세하게 5문장 이상 나열해 보세요.

나만의 일기 완성하기

기초 다지기 단계에서 쓴 문장들을 다시 읽어 보고, 생각해 보세요. 시간 순으로 오늘의 사건을 쓴 문장들입니다. 일기에 이 순서대로 써도 됩니다. 쓰기에는 이 방법이 제일 편합니다. 다르게 생각하고 바꾸는 방법을 따로 고민할 필요가 없으니까요. 하지만 얼마든지 변형도 가능합니다. 시간의 순서를 바꾸거나, 감정이 인도하는 대로 쓰는 등 마음대로 바꿔도 됩니다.

➦ A에게 손을 흔들며 돌아서는 순간, 마음이 가벼워졌다. 아무것도 아닌 아주 일상적인 대화였고, 저녁 식사였지만 그것만으로도 도움이 되었다. 직장을 다니고, 이런저런 일들을 하다 보면 힘들고 치이는 일은 일상다반사다. 내 잘못과 실수도 있고 때로는 잘해 놓고도 푸대접을 받거나 엉뚱한 오해를 받기도 한다. 그럴 때마다 구체적인 이유나 잘못 등을 따져 이해받기란 쉽지 않다. 때로는 그냥 넘어가고 무시하고, 다음 일들만을 생각하게 된다.
오늘도 그랬다. 박 과장에게 야단을 맞으면서도 생각했다. 이건 내 잘못이 아닌데….

일기는 내가 쓰고 싶은 것을 쓰는 것입니다. 단순히 불만을 털어놓거나 마구 누군가를 욕하는 것도 가능합니다. 생각을 다듬어서 쓰는 것도 좋지만, 내 감정과 생각을 진솔하게 문장으로 쓴다는 것 자체로 의미가 있습니다.

오늘은 일기를 처음부터 끝까지 스스로 써서 완성해 보는 날입니다. 지금까지 해 온 훈련을 바탕으로 오늘의 일기를 완성해 보세요. 오늘은 고쳐 쓰지 않아도 됩니다.

다음 공간을 가득 채워 오늘의 일기를 써 보세요. 그리고 만족한다면 다음 주의 글쓰기로 나아가세요. 아직 부족하다면 이 책에 있는 쓰기 노트나 메모지를 이용해 같은 훈련을 거듭하며 한 주 더 일기를 써 보면 좋습니다.

자꾸자꾸 쓰고 싶은
쓰기 노트

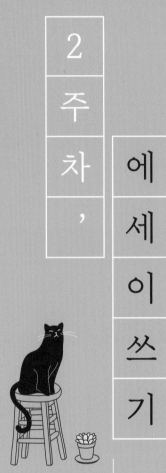

2주차, 에세이 쓰기

나는 마흔일곱 살이 돼서야
글을 쓰기 시작했다.
오래전부터 글을 쓰고 싶었지만
어떤 학위가 있어야 하거나,
어떤 집단의 일원이
되어야 하는 줄 알았다.
물론, 아무도 내게 그 집단에
가입하라고 요청하지 않았다.
…… 그저 시작하기만 하면
된다는 것을 깨달았다.

애비게일 토머스

알 듯 모를 듯,
에세이는 어떤 글인가?

에세이는 독자를 인식한 글쓰기입니다.
다른 이에게 말을 걸듯이 글 쓰는 과정을
익히고 연습하기, 나만의 감정과
생각을 토로하는 것을 넘어서
다른 이에게 효과적으로 전달하고
설득하기를 배웁니다.

지난주에는 일기를 썼습니다. 글쓰기를 처음부터 다시 해 보겠다는 마음으로 시작한 지난 5일간의 일기 쓰기가 어느 정도는 글쓰기 감각을 일깨워 줬으리라 생각합니다. 사실, 여러분은 이 책을 통해서 글쓰기를 처음 배우는 게 아닙니다. 이미 초등학교부터 대학교까지 적어도 12~16년 이상 학생으로서 글쓰기를 해 왔습니다. 이 책을 통해서 적절한 방법과 훈련으로 글쓰기를 다시 익혀 글쓰기 콤플렉스를 극복하고, 나만의 글쓰기를 재정립하여 글쓰기에 자신감을 가질 수 있기를 바랍니다. 이번 주에는 5일간 에세이를 씁니다.

에세이의 정의

네이버 지식백과에서는 에세이를 '형식에 구애받지 않고 붓 가는 대로 쓴 글을 일컫는 말로 체험이나 경험, 자신의 의견이나 감상을 적는 글'로 정의합니다. '신변잡기라고 일컫는 수필은 그야말로 우리 생활 주변에서 일어나는 잡다한 이야기들을 제재로 삼는다. 하지만 사회적·국가적인 거창한 문제를 다룰 수도 있으며, 인생이나 자연의 문제를 제재로 삼을 수도 있다.'라고도 합니다. 그러니 우리가 쓰는 모든 글을 에세이라고 부를 수 있습니다. 여행을 다녀와서 쓰는 기행문, 전시회를 보고 와서 쓰는 감상문, 어떤 사회 문제에 대해서 자신의 입장을 이야기하는 칼럼 등등 모든 것이 포함됩니다. 범위가 넓죠. 그러면 '일기와 뭐가 다르지?' 하는 생각이 들 수밖에 없을 것입니다. '경험과 사건을 정리하고 내가 느낀 감정이나 생각을 적는 것이 일기인데, 에세이도 비슷한 글이라고?' 네, 맞습니다.

비슷한 듯 다른 일기와 에세이

일기와 에세이는 내용면에서 크게 다르지 않습니다. 하지만 형식은 많이 다릅니다. 일기는 경험한 일이나 감정을 내가 느낀 대로 표현합니다. 독자는 나밖에 없기 때문에 때로는 의식의 흐름 그대로 쓰기도 하고, 모호한 감정을 그대로 뿌려놓기도 합니다. 다시 읽어도 나는 그 내용이 무엇을 말하는지 잘 알 수 있습니다. 아주 오랜 시간, 10년이나 20년 뒤라면 모를 수도 있겠지만 두어 달, 2년이나 3년 정도 뒤라면 썼던 글의 내용을 대강 기억할 수 있습니다. 과거에 쓴 일기를 보면 '그때 이런 일이 있었지, 이런 생각을 했었어.'라며 기억을 떠올릴 수 있죠. 내가 경험한 순간이나 감정을 문장으로 가장 정확하게 표현한 것이니 다시 보아도 나 자신은 알 수 있습니다.

하지만 누군가에게 일기를 보여 준다면 어떨까요? 앞서 일기 쓰는 목적은 사람마다 다양하다고 했습니다. 기록을 위해 쓰기도 하고, 단순한 감정의 토로를 위해 쓰기도 합니다. 나의 일기 쓰기 방식이 구체적인 상황을 묘사하고 이어지는 생각과 느낌을 전개하는 방식이라면 보는 사람도 이해가 쉬울 것입니다. 그러나 상황을 모호하게 처리하고 자신의 감정에만 집중한다면 보는 사람은 그런 감정이 왜 촉발되었는지 알기 어렵습니다.

에세이와 일기를 구분하는 것은 '독자'의 유무

에세이는 독자가 있습니다. 일기를 제외한 모든 글에는 독자가 있죠. 에세이에 독자가 있다는 전제는 결국 모든 글에는 독자가 있다는 말과 같습니다. 즉, 내가 글을 쓸 때는 누군가 읽을 것을 염두에 두고 있다는 것이지요. 지난주에 일기를 쓸 때 중점 학습 요소로 문장을 어떻게 쓸 것인가가 있었습니다. 내가 경험한 것, 생각한 것을 어떤 문장으로 표현할 것인가를 고민하고 고쳐 쓰는 과정을 거쳤습니다. 내가 생각한 것과 경험한 것을 가장 정확한 문장으로 표현하는 것. 지난주의 과제를 충실히 따랐고, 문장을 정확하게 쓰는 것이 무엇인지 깨쳤다면 이번 주의 에세이 쓰기도 무리 없이 잘 이해하고 따라갈 수 있을 것입니다.

에세이 쓰기를 통해 다른 이에게 말을 걸듯이 글 쓰는 과정을 익히고 연습해 봅시다. 나만의 감정과 생각을 토로하는 것을 넘어서 다른 이에게 어떻게 전달하고 설득할 것인가를 함께 배워 보죠.

에세이는 타인에게 말 걸기, 관계 맺기

보통 에세이 소재는 일상의 경험에서 찾습니다. 길을 가다가 만난 누군가의 이야기일 수도 있고, 교통사고나 태풍 같은 사고나 재해를 겪은 경험일 수도 있고, 미디어에서 본 범죄 사건이나 해외 토픽일 수도 있습니다. 직간접적으로 겪은 모든 것이 가능합니다.

일기가 글을 쓰는 출발점이라면, 에세이를 쓰는 것은 이제 본격적으로 글을 통해서 다른 사람, 우리가 살아가는 세상과 관계를 맺는 것이라고 할 수 있습니다. 관계를 맺는 것은 단지 오고 가며 마주치는 것만으로 이루어지지 않습니다. 출근하면서 지하철에서 스치는 사람들 모두 나와 관계가 있는 것은 아니지요. 하지만 누군가 내가 떨어뜨린 물건을 주워 주며 잠깐 말을 주고받거나 얼굴을 기억한다면 관계가 생깁니다.

글을 쓴다는 것은 단지 나의 생각을 표현하는 것에서 그치지 않습니다. 에세이처럼 누군가 독자를 상정하고 글을 쓴다는 것은 결국 그에게 말을 거는 것과 마찬가지입니다. 그에게 나의 경험을 전하고, 나의 생각은 이렇다고 건네는 것이지요.

에세이를 쓰는 원칙, 독자를 염두에 두고 솔직하게 쓴다!

그렇다면 글을 쓰는 사람에게도 의무가 있습니다. 누군가에게 말을 걸 때는 상대에게 예의 바르고 친절하게 말을 해야겠지요. 처음 보는 이에게 마구 비속어를 섞거나 거칠게 이야기하면 안 됩니다. 즉, 독자를 생각하고 글을 쓴다는 의미는 독자가 나의 글을 어떻게 받아들이고 이해할 것인가를 염두에 둔다는 뜻입니다. 따라서 독자가 이해하기 쉽게 구체적이고 정확하게 나의 경험과 생각을 전달해야 합니다. 나만을 위해 쓰는 것이 아니라 독자를 위해서 문장을 생각하고 표현을 다듬어야 합니다. 그것이 바로 관계의 시작입니다.

에세이를 쓰는 것은 어렵지 않습니다. 일기를 쓴다고 생각하며 소재를 떠올리고, 소재를 어떻게 묘사하고 전개할 것인가 다듬고, 어떤 느낌이나 감정을 가졌는지, 어떤 생각으로 발전했는지를 차근차근 써 나가면 됩니다. 정확하게 상황을 묘사하고 생각을 정리하면서 친구와 대화하듯이 하나씩 풀어 가면 결코 어렵지 않습니다.

에세이를 쓸 때는 부담을 버립시다. 그저 내가 경험한 것을 있던 그대로 쓰고, 떠오른 생각을 가감 없이 드러내면 됩니다. 과장할 필요도, 거짓말할 필요도 없습니다. '아는 것, 경험한 것을 솔직하게 쓴다.' 이것이 에세이의 출발점입니다.

에세이 쓰기
경험을 정리하기

🎯 **목표** 경험 중심 에세이를 쓸 수 있다.

에세이는 일기와 크게 다르지 않습니다. 지난주에 했던 일기 쓰기 활동을 떠올려 보세요. 보고 들은 것과 감정, 사건을 문장으로 쓰는 것을 훈련하고 하루의 일기를 적어 보았습니다. 에세이도 흔히 일기처럼 하나의 사건이나 경험에서 출발합니다.

2주차 에세이 쓰기부터는 1주차 일기 쓰기와는 달리 기초와 심화로 나누지 않고, 물 흐르듯 하나의 과정을 차근차근 설명하고 따라 써 보는 방식으로 연습합니다. 각 과정을 충실히 따라 한다면 어렵지 않게 에세이 쓰는 법을 터득할 수 있습니다.

1 에세이 소재 떠올리기

에세이로 쓸 만한 사건이나 경험, 감명 깊게 본 책이나 영화에 대해 써 봅니다. 오래전의 일도 좋고 근래에 겪었던 사건도 좋습니다. 재미있었거나 감동받은 책이나 영화를 떠올려 보세요. 이 중 두 가지를 골라 간단하게 5문장 이내로 써 보세요.

✐ 중학교 때, 지하철역에서 나오자 소나기가 내리고 있었다. 우산이 없어 비를 바라보고만 있는데, 한 아주머니가 어디까지 가느냐고 물으셨다. 마침 가는 길 방향이 비슷해 집 근처까지 우산을 씌워 주셔서 비를 맞지 않고 올 수 있었다. 어디 사는 누구신지도 모르지만 그날의 평범한 친절이 지금도 기억난다.

요즘 내가 일이 힘들다고 말하면, "나는 상사가 바뀌면서 일이 두 배로 많아졌어."라고 불평하거나 여행 이야기를 하는 등 자기 이야기로 화제를 옮기면서 떠들어 대는 친구가 있다. 어떤 얘기를 나누든지 본인의 이야기로 귀결된다. 만나면 끝없이 이야기는 이어지지만 갈수록 조금씩 불편하다. 이유가 무엇일까.

나 혼자 해 보기

1의 예시처럼 에세이의 소재가 될 만한 인상적인 경험에 대해 5문장 이내로 써 봅니다.

_____

_____

_____

_____

_____

_____

_____

_____

2 겪은 사건이나 경험을 풀어 쓰기

최근 겪은 개인적인 사건이나 경험을 생각해 보세요. 이것을 독자가 있는 글로 풀어 쓴다면 어떤 이야기를 할 수 있을까요? 단순하게 문장으로 표현해 보는 것을 넘어서 이 소재를 어떤 이야기로 풀어 낼 수 있을지 생각해 봅니다. 무엇이 필요한지 아직 모르겠다면, 최근 겪은 사건이나 경험, 읽은 책 등을 최대한 많이 떠올려 보세요. 그리고 머릿속에 떠오르는 대로 10개 이상 적어 보세요.

➤ ① 기말고사 성적이 많이 올랐다.

② 학교에서 친구가 나를 피하고 있다.

③ 이번엔 진짜 운동을 시작해야겠다고 마음먹었다.

④ 백팩 지퍼가 열려 있어 카드 지갑이 사라진 것을 알았다.

⑤ 봉준호 감독의 〈기생충〉을 재미있게 봤다.

⑥ 친구가 소개팅을 시켜 줬는데, 정말 이상한 사람을 만났다.

⑦ 지리산에 다녀왔다. 매우 힘들었다.

⑧ 주말에 조카들과 놀이공원에 가서 즐거운 시간을 보냈다.

⑨ 회사 동료 아이 돌잔치에 다녀왔는데, 아이가 귀엽고 음식도 맛있어서 좋았다.

⑩ 회사에서 《90년대생이 온다》라는 책을 권해서 봤는데, 공감이 되지 않고 조금 지루했다.

나 혼자 해 보기

2의 예시처럼 최근 내가 겪은 사건이나 경험 중 이야깃거리가 될 만한 것을 5개 이상 써 보세요.

_____

_____

_____

_____

_____

_____

_____

_____

3 글감을 선정해 이야기로 전개하기

2에서 나열한 내용을 다시 떠올려 보세요. 이 사건들 중 조금 더 할 이야기가 있는 것은 무엇인가요? 친구가 나를 피하고 있다면 그 이유를 알았나요? 나에게 잘못이 있다면 반성하고 있나요? 지리산에 다녀오면서 가장 크게 느낀 점은 무엇인가요? 가장 좋았던 순간은 언제였죠?

경험이나 사건을 에세이로 쓴다는 것은 그럴 만한 이유가 있기 때문입니다. 일기 쓰기에서는 하루에 있었던 일 중에서 글로 남길 만한 것을 찾았습니다. 에세이에서는 그보다는 좀 더 의미가 있는 것을 찾습니다. 나만이 아니라 나의 에세이를 읽는 누군가(독자)에게도 필요하거나 의미 있기를 바라기 때문입니다.

더 할 말이 있다고 생각하면 좀 더 길게 풀어 봅니다. 아직은 논리적으로 치밀하게 이어지지 않아도 좋습니다. 하고 싶은 이야기가 무엇인지 찾아본다고 생각하는 정도면 됩니다. 사소한 것이라도 글로 적어 가면 말하고자 하는 것이 선명하게 보입니다.

➡ ① 운동을 해야겠다고 생각하고 있다. 요즘 아침마다 일어나기가 유난히 힘들어졌다. 나이가 들어서? 아니면 단순히 나태해진 것일까? 운동은 미래의 나에게 가장 중요한 것 아닐까?

② 친구가 나를 피하고 있다. 지난번 술자리에서 내가 한 말에 상처받았다고 한다. 반성하고 있다. 나는 왜 가끔 악의적인 농담을 내뱉는 것일까.

이번에는 좀 더 구체적으로 한 문단 정도로 써 본다고 생각하세요. 소설이나 영화 시나리오를 쓸 때는 미리 시놉시스를 씁니다. 기본적인 캐릭터와 설정, 스토리를 간략하게 요약하는 것이죠. 시놉시스는 쓰다가 내용이 바뀌는 경우도 있지만 전체적인 방향을 잡아 나가기 위해 필요합니다.

➡️ 운동을 해야겠다고 생각했다. 요즘 아침에 일어날 때마다 몸이 무겁고 피곤함을 느낀다. 내 나이도 어느덧 서른이 넘었으니 자연스러운 것일까? 너무 쓸데없는 데 에너지를 많이 소비하고 있는 것일까? 최근의 생활을 한번 점검해 봤다. 크게 변한 것은 없지만 그저 관성에 젖어 산다는 기분이 든다. 새로 시작한 것이 뭐가 있을까? 친구들과의 관계도, 일도 심드렁해졌다. 열정이 사그라진 기분이다. 분위기 쇄신을 위해 뭐라도 새로운 시작이 필요한 것 같다.

나 혼 자 해 보 기

2 에서 쓴 에세이의 글감(이야깃거리) 중 한 개를 선택해 간단한 이야기를 만들어 보고, 더 구체적으로 파고들어 자세히 써 보세요.

_____

_____

_____

_____

더 파고들어 자세히 쓰기

_____

_____

_____

_____

_____

_____

에세이는 정답이 있는 글이 아닙니다. 내가 생각한 것이 중요하고, 나에게 어떤 의미가 있었는지를 물어보는 것이 중요합니다. 세상 모두에게 똑같은 경험도, 사건도 없습니다. 나에게 어떤 의미가 있었는지를 파고들어 자문하는 것이 가장 중요합니다. 운동을 해야 한다고 느꼈다면 왜 그렇게 느꼈는지, 정말 나에게 운동이 중요한지 계속해서 물어봐야 합니다. 처음에는 간단한 한 문단 분량 정도로 생각해 봅니다. 그러면서 자꾸 생각합니다. 글로 쓰면 어떤 흐름으로 나아가면 좋을지, 어떻게 독자에게 나의 상황을 설명할 것인지 생각하는 것이 바로 구상 단계입니다.

일기는 구상을 많이 하지 않고 자신의 감정 상태에 따라서 흘러가게 써도 좋습니다. 하지만 독자가 있는 에세이를 쓸 때는 내 느낌과 생각만으로는 부족합니다. 나의 감정과 상태를 어떻게 하면 더욱 효과적으로 전달할 수 있는지를 고민해야 합니다. 그래서 소재를 생각하고, 그것을 어떻게 다루어서 한 편의 글로 쓸 것인지를 생각해야 합니다. 글로 표현할 때는 기-승-전-결, 서론-본론-결론, 두괄식, 미괄식 등 다양한 표현 방식을 사용할 수 있습니다.

오늘은 생각나는 사건과 경험에 대해 하고 싶은 말을 한 문단 정도로 정리해 봅니다. 쓰면서 생각하고, 쓴 글을 보면서 다시 생각해 보세요. 내가 하고 싶은 이야기를 어떻게 풀어 내면 좋은 글이 될까? 독자가 읽기 쉽고 잘 이해하는 글이 될 것인가? 이런 기준을 명확히 세우고 에세이를 쓴다면 좋은 글에 한 발짝 더 가까워집니다.

5 한 문단 에세이 쓰기

한 문단 분량으로 생각나는 사건과 경험 중 한 가지를 택해 독자에게 보여 주기 위한 의미 있는 글을 써 보세요.

에세이 중에서도 주관적이고 개인적인 소소한 이야기를 담은 글을 '미셀러니(miscellany, 경수필)'라고 구분하기도 합니다. 미셀러니는 지극히 사적인 에세이에 가깝습니다. 개인의 체험이나 느낌 등을 자유롭게 표현합니다. 그렇다면 에세이는 미셀러니에 비해서 상대적으로 좀 더 지적이고 객관적이어야 한다는 의미가 됩니다. 하지만 지금 배우는 기초 글쓰기 단계에서는 미셀러니와 에세이를 크게 구분할 필요는 없습니다.

프로 작가가 되면 의뢰인의 요구 사항이 구체적으로 제시된 청탁을 받게 되는 경우가 많습니다. 일상 에세이, 정치 칼럼부터 세상을 바라보는 시각을 담은 에세이나 문화 현상을 다루는 에세이 등 의뢰인에게 필요한 다양한 분야와 주제의 글을 요구받습니다.

하지만 아마추어로서 에세이를 쓸 때는 처음부터 이 글은 미셀러니니까, 이 글은 에세이니까 하는 식으로 세세하게 구분하지 않습니다. 먼저 내가 하고 싶은 이야기가 있고, 처음 아이디어와 생각을 발전시켜 나가면서 자연스럽게 개인의 감상으로 잦아들 수도 있고, 거창하게 인생의 의미를 추구하거나 인사이트를 끌어내고 혹은 사회적인 제언으로 나아갈 수도 있습니다. 쓸거리를 분명하게 찾으면 살을 붙여 늘려 쓰는 것은 쉽습니다.

자꾸자꾸 쓰고 싶은
쓰기 노트

02 일차 에세이 쓰기
경험을 짧은 글로 풀어 보기

 목표 경험을 글로 풀어내는 연습으로 문장 훈련을 강화한다.

1일차에서는 에세이가 무엇인지와 에세이로 쓸 만한 소재를 찾아봤습니다. 그리고 한 문단 정도로 정리해서 써 보았습니다. 에세이에서는 이 소재를 어떻게 풀어낼 것인지를 정리하는 것이 가장 중요합니다. 아이디어를 내고 구상하면서 쓰기 전까지 다듬어 가는 것이지요.

오늘은 어떤 사건이나 경험에 대해서 짧은 글을 써 보는 훈련을 합니다. 어제 쓴 문단을 가져와 보세요. 그대로 옮겨 적기보다는 다시 생각하면서 재구성하거나 쓴 내용에 더 자세히 살을 붙여 나가는 것이 좋습니다.

1 사건이나 경험에 대해 짧은 글쓰기

➤ 친구가 나를 피하고 있다. 고민하다가 결국 만나서 물어봤다. 지난번 술자리에서 내가 한 말에 상처받았다고 말했다. 정확하게 무슨 말을 했는지 잘 기억이 나지는 않는다. 하지만 친구가 불쾌했다니 반성하고 있다. 왜 나는 가끔 농담을 상대에게 악의적으로 들리게 할까. 나의 표현방식에 문제가 있는 것 같다.

2 좀 더 자세히 풀어 쓰기

한 문단으로 되어 있는 글을 풀어서 설명해 봅시다. 짧게 써도 괜찮습니다. 하지만 길어져도 한 페이지를 넘지 않도록 합니다. 무엇을 이야기할 것인지 생각하면서 써 봅니다.

➤ 친구가 나를 피하고 있는 것을 알았다. 정문에 들어섰을 때, 멀리서 친구 A의 모습을 보았다. 그도 나를 보는 것 같다고 생각하며 손을 흔들었다. 하지만 A는 바로 고개를 돌려 버렸다. 그리고 나와는 반대 방향으로 몸을 돌려 가 버렸다. 나는 잠시 동안 손을 내리지도 못한 채 가만히 서 있었다.

나를 보지 못한 것일까? 아니다. 분명히 봤는데… 그렇다면 급한 일이 있어 그대로 가 버린 것일까? 그렇다고 손 한번 흔들 시간이 없을 리는 없고. 보고도 피한 것이다. 왜 그런 것일까? 내가 뭘 잘못했나? 어제, 그제, 일주일, 지난 한 달 동안의 일들을 떠올려 보았다. 특별한 일들은 없었다. 한 주에 두세 번은 만나 점심을 먹고 간단히 맥주도 마셨다. 별다른 변화도 없었다. 바로 그제도 종강을 기념한다며 B, C와 함께 술을 마시곤 웃으며 헤어졌다.

뭔가 일이 있었다면 그날 아니면 이후에 벌어진 일일 것이다.

앞에서도 언급했듯이 에세이에는 독자가 있습니다. 이것은 독자라는 존재를 의식하며 써야 한다는 것을 의미합니다. 독자는 나의 글을 읽으면서 생각하고 판단합니다. 문장을 읽으면서 상황을 머릿속으로 구성하고, 논리적으로 상황을 이해하려고 합니다. 정보가 부족하거나, 앞뒤가 맞지 않는 말을 하거나, 논리적으로 비약이 심하면 이해하기 어렵습니다. 그런 글은 자연히 독자를 글에서 멀어지게 합니다.

3 기억에 남을 만한 이야깃거리 찾기

에세이를 쓰기 위해서 과거의 사건이나 경험을 떠올렸다면 다음 순서는 어떤 이야기를 할 것인가입니다. 보통 사건이나 경험을 떠올렸다면 뭔가 기억에 남을 만한 사건이었을 것이고, 당연히 그 순간이 마무리된 후에 어떤 생각을 하게 되었을 겁니다.

> ① 어릴 때 누군가 비를 피해 서 있는 나에게 우산을 씌워 준 적이 있었는데, 이 기억을 떠올리며 모르는 이에게 베푸는 친절이 얼마나 중요한 것인지 생각했습니다.
>
> ② 나의 고민을 이야기할 때마다 자신의 경험이나 감정을 말하면서 내 말은 제대로 듣지 않고 자기 얘기만 하려는 친구에게서 피곤함을 느끼고, 타인에 대한 공감이 얼마나 중요한 것인지 다시 생각하게 되었습니다.
>
> ③ 술 마시다가 친구에게 악의적인 농담을 했고, 마음이 상한 친구에게 사과하고 달래 주면서 나의 잘못이 무엇인지 돌아볼 수 있었습니다. 악의가 없는 잘못이 정말로 어떤 의미인지에 대해서.
>
> ④ 운동을 해야겠다고 다짐하면서 새로운 시작에 대해서도 함께 생각해 보았습니다.

하나의 사건과 경험은 개인마다 다른 생각을 하게 하고, 다른 결론에 이르게 하는 경우도 많습니다. 하지만 보통은 비슷한 생각으로 귀결됩니다. 보편적인 경험과 일반적인 상황이 많기 때문입니다.

특별한 결론을 내지 않아도 좋습니다. 너무나 뻔한 결론으로 이어진다 해도 좋습니다. 지금 필요한 것은 내가 겪은 일들에 대해 좀 더 길게 써 보는 연습을 하는 것이니까요. 한 페이지 정도의 에세이를 쓰는 것 말입니다.

한두 문단 분량으로 겪은 사건과 상황에 대해 쓰고 내가 어떤 생각을 했는지 자연스럽게 풀어 써 보세요. 일단 사건을 생각하고, 생각이 어떻게 흘러가는지 머릿속으로 구상해 보세요. 어느 과정이건 글로 풀어서 말로 이야기하듯 써 나간다면 어렵지 않습니다.

나 혼 자 해 보 기

이야깃거리를 찾아서 한 문단 분량의 짤막한 에세이로 발전시켜 써 보세요(총 2회).

1회 이야깃거리

_____

_____

에세이

_____

_____

_____

_____

_____

2회 이야깃거리

_____

_____

에세이

_____

_____

_____

_____

_____

자꾸자꾸 쓰고 싶은
쓰기 노트

03 일 차

에세이 쓰기

기행문 쓰기

목표 기행문의 구성과 형식을 이해하고 한 편의 기행문을 완성한다.

지난 이틀 동안은 여러분이 경험한 사건이나 상황 등을 간단하게 정리하고 글로 써 보는 과정을 훈련했습니다. 오늘은 에세이 종류 중 하나인 기행문을 써 보겠습니다.

기행문은 어딘가 다녀온 후에 쓴 글을 말합니다. 특정한 장소에 대해 이야기할 수도 있고, 그 장소에서 벌어진 사건에 대해서 쓸 수도 있고, 그곳에서 자신이 느낀 감정이나 사상을 풀어놓을 수도 있습니다.

최근에는 인스타그램을 통해서 자신이 갔던 카페나 음식점, 먹은 음식의 사진을 올리는 것이 관행으로 굳어졌습니다. 이것을 여행이라고 부르기에는 약간 무리가 있지만, 본질을 파고들면 크게 다르지 않습니다. 매일 들르는 음식점에 가서 인스타그램에 사진을 올리는 것은 아니니까요. 새롭게 경험한 카페나 음식점의 풍경과 메뉴, 맛 등에 대해 써서 공유하며 맛이 어떤지 품평하고, 그곳을 찾는 사람들과 장소의 분위기에 대해서도 전합니다. 새로운 곳에서, 새로운 경험을 하고, 새로운 생각을 하게 한다는 점에서 여행과 비슷하지요.

1 **최근에 들른 인상적인 장소에 대해 설명하기**

일단 가까운 것부터 시작해 봅시다. 최근에 음식 맛이 아주 좋았던 식당이나 분위기 좋은 카페에 간 적이 있나요? 그곳에서 먹은 음식과 실내 장식, 분위기에 대해 두어 문장으로 설명해 보세요.

➤ 얼마 전 이태원 근처의 여수 식당이라는 곳에 갔다. 옛날 시장 골목 안쪽에 위치한 작은 가게였다. 여수에서 직송해 온다는 낙지와 각종 생선들이 아주 신선했다.

홍대에 새로 생긴 카페 A에 들렀다. 요즘 젊은이들에게 인기 절정이라는 대만식 흑당라떼를 먹었다. 맛있지만 너무 달아서 자주 먹기는 힘들 것 같다.

인스타그램이나 페이스북 등에 갔던 장소에 대한 글과 사진을 올릴 때는 장소의 특성과 메뉴, 맛과 분위기, 함께 갔던 사람 등에 대해 간단하게 글을 쓰게 됩니다. 만약 이런 포스팅을 카페 리뷰나 탐방 같은 형식으로 길게 쓴다면 조금 달라질 것입니다. 내용이 달라지는 것이 아니라 어떤 부분을 좀 더 자세하게 설명하고, 하고 싶은 이야기를 추가하는 식으로 확장되겠지요.

2 생각을 확장하여 문장 쓰기

1 에서 쓴 문장을 좀 더 길고 자세하게 확장해서 써 보세요.

➡ 지인의 소개로 이태원 근처에 있는 여수 식당이라는 곳에 갔다. 골목에 들어서니 시장이 나왔다. 시장 한가운데에 있는 오래된 식당 같았다. 여수 식당이라는 이름은 여수에서 나는 해산물을 때마다 가져오기 때문인 듯하다. 오늘은 낙지가 들어와 신선하다고 했다.

음식 맛을 결정하는 요소는 여러 가지이지만 그중에서도 신선한 재료는 대단히 중요하다. 특히 해산물의 경우에는. 갓 잡아 올린 생선을 바로 회로 떠서 먹는 것은 어떤 요리와도 대체할 수 없다. 여수 식당에서 가장 맛있는 음식은 그날 올라온 해산물이었다.

물론 다른 음식들도 있다. 메뉴에는….

에세이는 고정된 형식이 없기 때문에 반드시 장소에 대한 것만을 메인으로 쓰지 않아도 됩니다. 장소에 갔다가 다른 생각을 한 것이 더 중요할 수도 있고, 장소는 단지 배경의 역할만 할 수도 있습니다.

➡ 길모퉁이에 있는 오래된 카페에 갔다. 그곳은 오래전 연인과 함께 자주 갔던 카페와 매우 닮아 있었다. 그 시절의 나는….

이런 식으로 장소를 매개체로 자신의 추억과 상념을 풀어내는 것도 가능합니다.

그래도 기본은 갖춰야 합니다. 기행문을 쓴다고 하면, 어디를 갔다, 무엇을 했다, 어떤 생각을 했다 순으로 이야기하는 것이 좋습니다. 장소에 대해 이야기하고, 그곳에서 경험한 것과 떠오른 생각을 설명하며 물 흐르듯이 자연스럽게 써 나가면 독자가 이해하기 쉽습니다.

3 **기행문 쓰는 순서에 맞게 짧은 글쓰기**

기행문은 어려운 글이 아닙니다. 가장 편하게 쓸 수 있는 글이 기행문입니다. 어딘가에 갔으니까 소재가 정해져 있고, 그 장소에서 보고 들은 것들을 구체적으로 설명하면 됩니다. 특별한 가공 과정 없이 장소만으로도 흥미로운 이야기가 나올 수 있습니다. 그래서 기행문을 많이 써 보는 것도 유용한 글쓰기 훈련이 됩니다.

먼저, 순서대로 써 봅니다. 어디를 갔는데 그곳은 어디이고, 어떤 역사나 특성이 있을까? 가는 과정이나 입구 등에 특징이 있을까? 그 장소에 대한 이야기에는 뭐가 있을까? 그리고 그곳에서 무엇을 했나? 산이라면 등산을 하는 과정이 있습니다. 유적이라면 유적들이 어떻게 놓여 있고, 거기서 무엇을 봤는지 설명합니다. 테마파크라면 설명할 것이 아주 많겠지요. 선별하기 힘들다면 이동 동선 그대로 이야기해도 됩니다. '어디를 가고, 다음에 어디를 갔는데 무엇이 좋았고, 그다음에는 무엇을 했다' 하는 식으로요.

그리고 자신의 생각을 이야기합니다. 그 장소에 처음 왔을 때의 느낌에서 이어 가도 됩니다. 과정에서 겪은 것이나 보고 돌아오면서 느낀 것도 마찬가지입니다. 장소를 다녀오면서 느낀 점이나 생각한 것을 솔직하게 설명하면 됩니다. 그 장소의 어떤 풍경에서 촉발된 것일 수도 있고, 과거의 역사에 얽힌 현재의 이야기로 풀어 갈 수도 있습니다. 무엇이건 좋습니다. 장소와 얽히거나 장소에서 촉발된 어떤 이야기를 하는 것으로 기행문은 완성됩니다.

여행은 새로운 것을 만나서 새로운 경험을 하는 것입니다. 새로운 생각은 새로운 발견에서 시작하는 경우가 많지요. 하지만 꼭 외국이나 어디 멀리로 떠나야만 하는 것은 아닙니다. 매일매일 새로운 경험이 곧 새로운 여행이 되기도 합니다. 인스타그램에 카페 탐방을 올리는 것 역시 매번 여행이 될 수 있는 것이고요. 일상의 익숙함도 매번 새로운 경험으로 나에게 축적될 수 있습니다.

✍ 지난달, 캄보디아의 앙코르와트에 갔다. 정확히 말하면 앙코르와트를 비롯한 많은 신전과 건축물 그리고 호텔이 있는 도시 시엠립이다. 시엠립 공항에 도착하여 호텔로 들어갈 때까지는 동남아의 다른 도시들과 크게 달라 보이지 않았다. 먼지와 습기가 많고, 지저분하면서도 활기가 가득 차 있었다. 아침에 일어나 작은 차를 타고 조금 달리니 숲속의 사원들을 볼 수 있었다. 앙코르톰이라는 고대 도시 안에 앙코르와트와 비얀 사원 등이 있다고 한다.

정글 속에서 거대 도시를 처음 발견한 사람은 어떤 기분이었을까? 앙코르와트에 들어가면서 규모의 거대함에 놀라기보다 인간의 집요함에 대해 생각했다. 이것을 대체 왜 만든 것일까? 왜 이렇게 정교하고 힘들게 어떤 사상을 건축물로 표현하려 한 것일까?

고대의 유적을 보고 있으면 인간이라는 존재에 대해 자꾸 생각하게 된다. 어쩌면 아무것도 아니지만 우리가 상상하는 것 이상의 존재일 수도 있는 인간.

나 혼 자 해 보 기

어딘가를 다녀온 경험을 한 페이지 분량으로 써 보세요. 그곳의 풍경과 경험, 느낀 점이나 생각이 순서대로 잘 드러나게 씁니다.

자꾸자꾸 쓰고 싶은
쓰기 노트

04 일차 에세이 쓰기
경험에서 생각으로 확장하는 글쓰기

목표 경험에서 생각으로 확장하는 글쓰기 연습하기

어제는 기행문을 썼습니다. 오늘은 다시 에세이로 돌아옵니다. 이 둘은 서로 다른 글일까요? 그렇지 않습니다. 기행문도 에세이의 한 종류이고, 글을 쓰는 과정이나 흐름이 아주 비슷합니다. 기행문에는 가는 장소가 있고 그 장소의 경험을 통해서 떠오른 생각을 적습니다.

에세이도 경험을 통해서 자신의 생각을 이야기하는 글입니다. 기행문은 새로운 장소에 갔다 온 뒤 쓰는 글이기 때문에 수월하게 다른 생각을 떠올리는 등 일상과는 다른 느낌으로 쓰게 됩니다. 처음 맛보는 음식을 먹었다면 당연히 새로운 생각이 들겠지요. 이건 무슨 재료일까? 어떤 방식으로 요리한 것일까? 양념이 뭐지? 새로운 것을 만나는 경험을 쓰기 때문에 기행문은 나름의 가치를 지닙니다.

에세이도 마찬가지입니다. 에세이로 쓰는 사건이나 경험은 아무래도 일상적으로 매일 겪는 지루한 사건은 아닐 것입니다. 매일 경험하고 반복되는 일상과는 다르게 무엇인가 특별한 사건을 겪으면 다른 생각을 하게 되지요. 사고일 수도 있고, 새로운 만남일 수도 있고, 특별한 성취일 수도 있습니다. 특별한 일을 겪으면 자신이 경험하고 느낀 것을 타인에게 전달하고 싶어집니다. 함께 공유하고 즐거워하거나 깨우치기를 바라니까요.

하지만 반드시 새롭거나 특별한 경험만이 에세이의 소재로 쓰이는 것은 아닙니다. 특별한 일에 대해 이야기하는 것은 오히려 쉽다고 할 수 있습니다. 누가 보기에도 이상하고 재미있는 일을 겪었다면 그것만으로도 충분한 이야깃거리가 되니까요. 하지만 작가와 예술가들은 새로운 이야기만을 창조하지 않습니다. 오히려 우리가 늘 겪는 일상적인 사건과 현상 속에서 다른 시각으로 본 다른 측면을 이야기하는 경우가 많지요. 즉, 예술가는 남들과 다르게 보는 사람들이라고 할 수 있습니다.

매일 같은 시간에 회사에 출근하면서 보는 풍경은 매일 비슷할 것입니다. 같은 시간에 일어나고, 세수하고 양치하고 아침을 먹는 행동을 반복하고, 동일한 시간에 집을 나섭니다. 지하철이나 버스를 타는 곳과 시간도 동일합니다. 어쩌면 그곳에서 만나는 사람들도 비슷하겠지요. 이렇게 반복되는 매

일이 너무나 지겹고 의미 없다고 생각할 수 있습니다. 하지만 프레임을 달리하여 나의 시각을 바꾼다면 매일은 조금씩 달라집니다. 오늘은 무척 더웠는데, 내일 아침에는 갑자기 가을 바람이 불 수도 있습니다. 버스 정류장에서 매일 마주치던 남자의 스타일이 미묘하게 달라져 있을 수도 있습니다. 하루동안의 변화일 수도 있고, 서서히 이어지는 변화일 수도 있습니다. 글을 쓴다는 것은 내가 보는 세상을 변화시키는 것입니다. 매일같이 똑같이 진행되는 하루가 나의 시각에 따라서 매일 다른 풍경으로 바뀔 수도 있습니다.

1 경험을 생각으로 확장한 글쓰기

오늘의 훈련은 경험을 생각으로 확장하는 것입니다. 에세이를 쓸 때는 보통 경험에서 자신의 생각으로 나아갑니다. 그렇기에 먼저 훈련해야 할 것은 자신이 경험한 것을 얼마나 정확하게 설명할 수 있는가입니다. 단지 구체적으로 설명하는 것에서 그치지 않고, 그 경험을 통해 자신의 주장이나 느낌을 말해야 하므로, 주관적으로 경험을 해석해야 합니다.

✑ 등굣길에서 본 친구가 나를 외면했다.

상황을 묘사해야 하니 친구가 외면하는 상황을 어떻게 표현하면 좋을까 생각합니다. 휙 돌아섰나? 잠깐 고개를 숙이고 피했나? 보기는 했지만 기억이 그렇게 정확한 것은 아닙니다. 기억은 많은 것을 왜곡하기도 합니다. 그렇다면 가장 먼저 떠오르는 장면을 쓰는 것이 좋습니다. 내 기억으로는 휙 뿌리치듯 몸을 돌렸다면 그 부분을 그대로 묘사하면서 다음과 같이 이야기를 전개하는 것입니다.

✑ 등굣길에서 본 친구가 나를 외면했다. 휙 뿌리치듯 몸을 돌려 피했다. 나를 만나고 싶지 않다고 말이라도 내뱉는 것 같았다.

그렇다면 나에게 뭔가 잘못이 있을까? 고민하고, 다시 용기를 내서 친구를 만나 보는 과정이 이어질 것입니다. 그리고 나에게 잘못이 있었다는 것을 마침내 알게 됩니다.

✑ 등굣길에서 본 친구가 나를 외면했다. 휙 뿌리치듯 몸을 돌려 피했다. 그 모습이 마치 나를 만나고 싶지 않다고 말을 내뱉는 것 같았다. 결국 친구를 만나 이야기를 들었다. 사흘 전 술자리에서 내가 한 농담에 상처를 받았다고 했다.

여기까지 썼다면, 이미 상황에 대해서는 정리가 된 것입니다. 이제 나의 생각이 필요해집니다. 팩트는 내가 던진 농담입니다. 다음과 같이 변명할 수도 있습니다.

⋑ 조금 질편한 술자리였고, 상대의 약점이나 잘못을 은근히 공격하기도 하면서 취해 가는 자리였다. 나의 농담도 분위기에 취해 던진 것일 뿐 악의는 없었다.

하지만 악의가 없었더라도, 친구에게 상처를 주었다면 자신의 잘못일 수 있습니다. 처음에는 나의 생각이 어떻게 흘러가는지 그대로 나열하는 것도 좋습니다.

⋑ 조금 질편한 술자리였고, 상대의 약점이나 잘못을 은근히 공격하기도 하면서 취해 가는 자리였다. 나의 농담도 분위기에 취해 던진 것일 뿐 악의는 없었다. 하지만 악의가 없었다고 해서 아무 일도 없다고 치부할 수 있을까? 친구가 상처를 받았다면 당연히 내 잘못이 아닐까? 친구에게 사과하고, 관계를 복원해야 하지 않을까? 일상에서 농담의 한계는 어디까지일까? 재미없고 건전하고 좋은 말만 하는 관계가 과연 좋을까?

처음 쓸 때는 나열식이지만 반드시 퇴고를 해야 합니다. 생각의 흐름을 다시 한번 논리적으로 정리해야 합니다.

⋑ 나의 농담도 자리에 취해 던진 것일 뿐 악의는 없었다. 하지만 악의가 없었다고 해서 아무 일도 없다고 치부할 수는 없다. 인간은 원하지 않아도 누군가에게 상처를 줄 수 있다. 상처를 주고받는 것은 필연적이지만 그렇다고 해서 나의 무고함을 주장할 수는 없는 일이다.

정답은 없습니다. 어떻게 결론이 난다 해도, 결국은 자신의 논리로 정리해야 합니다. 정리가 잘 안 될 때는 생각나는 대로 적으면 됩니다. 그런 다음 다시 읽어 보면서 정리합니다. 일단은 쓰고 생각하면서 정리합니다. 하나의 경험을 떠올리고, 그 사건에서 떠오르는 갖가지 생각을 마구 적어 보세요. 그리고 그것을 정리해서 다시 한번 글로 써 보세요. 그래도 뭔가 어설프면 다시 생각하고, 쓰고, 정리하고를 반복하면 됩니다. 많이 생각하고 고민할수록 좋은 글이 나오니까요.

나 혼자 해 보기

하나의 경험을 떠올리고 생각으로 확장하면서 쓰는 연습을 반복합니다. 생각과 표현을 더 깊이 다듬어 가면서 여러 단계로 고쳐 써 보세요.

자꾸자꾸 쓰고 싶은
쓰기 노트

05
일
차

에세이 쓰기
나의 경험과 생각 쓰기

 목표 나의 경험과 생각을 바탕으로 자유자재로 한 편의 에세이를 쓸 수 있다.

1 에세이 쓰는 법 총정리

오늘은 2주차의 마지막 날입니다. 지난 4일간 에세이 쓰는 훈련을 해 보았습니다. 이제는 에세이가 어떤 글이고, 어떻게 써야 하는지 잘 알게 되었을 것입니다. 이제 마지막으로 다시 한번 에세이가 무엇인지 정리해 보겠습니다.

에세이는 일상에서 쓰는 보통의 글을 말합니다. 특별한 목적이나 형식 없이 자신이 경험한 것들을 자신이 생각한 대로 풀어 내는 글이며, 일기와 다른 점은 독자가 있다는 것입니다. 일기도 독자가 있다고 말할 수 있지만 차이는 명확합니다. 독자를 위해서 일기를 쓰는 것은 아니니까요. 반면 에세이를 포함한 대부분의 글은 독자가 있다고 상정하고, 자신의 글을 통해 대화하려는 목적이 있습니다. 그렇기 때문에 독자가 이해할 수 있도록 글을 써야 합니다. 여기서 독자는 모든 독자가 아니라 자신이 커뮤니케이션하려는 대상으로서 독자를 말합니다. 에세이는 내 경험과 생각을 독자에게 전달하는 글입니다. 시작은 가벼운 경험이나 사건에서 출발합니다. 에세이를 쓰겠다고 생각하면 우선 최근에 있었던 사건이나 경험을 떠올려 봅니다. 그중에서 특별히 의미가 있거나 의미를 부여할 만한 일, 즉 소재를 생각하고 정하는 것이 우선입니다.

소재를 정했으면 발전시켜야 합니다. 소재 정하기와 발전시키는 과정은 대개 함께 시작됩니다. 어린 시절 이웃에게 받았던 작은 친절이 소재라면, 타인에게 베푸는 익명의 친절이 갖는 의미를 생각하는 것으로 나아갈 수 있습니다. 친구를 의심하고 싸웠다면 반성하고 가까운 사람들과의 관계에 대해 생각하거나, 신뢰란 무엇인지 짚어 보는 것으로 나아갈 수 있습니다. 소재를 떠올리는 것은 단지 대상이 아니라 그 안에 하고 싶은 말이 이미 들어 있기 때문인 경우가 많습니다. 과거의 사건이나 경험이 지금도 잘 기억나는 이유는 그것을 통해 내가 깊이 생각한 무엇이 있기 때문이지요.

소재를 생각하면서 어떤 말을 할 것인지가 떠올랐으면 이제 어떻게 쓸 것인지 구상해야 합니다. 아이디어 단계에서 구체적인 창작의 작업으로 넘어가는 것이라고 할 수 있지요. 어떻게 글을 쓰면 독자가 더 쉽고 재미있게 이해하면서 읽을 수 있을까 생각하며 큰 흐름을 잡습니다. 처음부터 구상이 쉽지는 않습니다. 글을 많이 써 보지 않은 초보자라면 무턱대고 구상하기보다는 무엇이든 써 보면서 생각을 발전시키고 수정해 가는 것이 좋습니다.

초보자가 에세이 쓰는 과정

> ❶ 일단, 무조건 씁니다. 글로 쓰려는 사건이나 경험에 대해 씁니다.
> 한 문장 정도로 어떤 일이 벌어졌는지, 어디에 가서 무엇을 했는지 쓰세요.

> ❷ 다음 단계로 쓸거리들이 떠오를 것입니다. 보통은 경험하면서 느낀 생각이나 이후에 떠오른 생각이지요.
> 그것을 차분하게 정리하듯이 써 내려갑니다.

> ❸ 두 개 정도 문단을 썼다면 두어 번 반복해서 읽어 봅니다. 누군가에게 말해 주듯 읽다 보면 부족한 부분이나
> 애매한 부분이 보입니다. 어떤 말을 더 해야 할지도 떠오릅니다. 그러면 그런 부분을 추가해서 다시 씁니다.

처음에 글을 쓸 때는 일단 떠오르는 대로 글을 연결해 가면서 쓰는 것도 하나의 방법임을 잊지 마세요. 미리 완벽하게 구상을 끝내고 쓰는 글은 의외로 많지 않습니다. 또한, 많이 쓰다 보면 자연스레 머릿속으로 구상하는 훈련도 가능해집니다. 수많은 경험을 통해서 하나의 절차로서 자리 잡는 것이지요.

2 에세이 퇴고법

완성된 글을 한 번 읽어 봅니다. 그리고 어느 정도 시간이 흐른 후에 퇴고를 합니다. 금요일에 에세이를 썼으면 일요일 밤 정도에 다시 읽어 보고 퇴고하는 것도 좋습니다.

생각나는 대로 쓴 글은 쉽게 이어지는 대신 말하려는 바가 희미해지는 경우가 종종 있습니다. 그 이유는 종종 압축적으로 써야 할 요소에 집중하지 못했기 때문이지요. 퇴고를 하면서 자신이 강조하고 싶은 순간이나 말하려는 것을 다시 생각하고 표현이나 문장을 다시 써 봅니다. 이때 단어를 고치거나 앞뒤 문장을 바꾸는 경우도 생깁니다.

하지만 에세이에서 무엇보다 중요한 것은 일정한 형식이 없다는 점입니다. '내가 쓰고 싶은 것을 내 방식대로 써 본다.' 이것이 에세이의 출발점입니다. 다만, 독자가 있으니까 그들에게 대화를 한다고 생각하며 글을 쓰는 것이죠. 내가 친구와 대화하는데 친구가 전혀 이해하지 못한다면, 나는 단어나 표현, 전개 방식을 바꿀 것입니다. 글도 마찬가지입니다. 상대에게 내가 말하려는 바를 보다 잘 전달하기 위해 다양한 방식으로 글을 씁니다.

오늘의 숙제입니다. 간단한 에세이를 써 보세요. 쓰기 시작했으면 한 페이지를 다 채우세요. 그리고 하루가 지나서 읽어 본 후, 다시 한번 고쳐 써 보세요. 그러면 완성입니다.

에세이 쓰기

하루 지나 에세이 퇴고하기

시체스 영화제

10월 초에 열린 스페인의 시체스 판타스틱영화제에 다녀왔다. 세계 최고의 판타스틱영화제라고 자찬하며 누구나 고개를 끄덕이는 시체스 영화제의 역사는 올해로 51년을 맞았다. 1968년 시작한 시체스 영화제는 반세기 동안 호러와 SF, 판타지, 스릴러 등 세계의 장르영화들이 모이는 축제로 건재해 왔다.

어렸을 때 본 공포영화들의 포스터에는 '시체스 영화제 출품작', '수상작'이라는 문구가 종종 적혀 있었다. 『서스페리아』, 『엑소시스트』, 『오멘』, 『나이트메어』, 『13일의 금요일』 등 공포영화를 좋아했기 때문에 '시체스'라는 이름을 금방 기억할 수 있었다. 게다가 '시체'라니. 우연이지만 공포영화들이 초청되는 영화제의 이름으로는 너무나 인상적이었다.

영화기자 일을 하게 되면서 영화제를 갈 일이 종종 있었다. 칸과 베를린 영화제 등. 하지만 판타스틱영화제를 가는 건 쉽지 않았다. 한국에는 장르영화를 무시하고 폄하하는 편견이 분명하게 존재한다. 한때 모스크바를 끼워 4대 영화제라고 불렀던 칸, 베를린, 베니스 이외의 영화제를 회사 경비로 취재하러 가는 경우는 거의 없었다. 그래서 더욱 시체스 영화제에 가고 싶었다. 2000년대 초반까지만 해도 아시아 최고의 판타스틱 영화제였던 일본의 유바리 영화제와 함께. 판타스틱영화제에 오는 영화들은 어떻고, 관객들은 어떤 사람들이고, 장르 마니아들이 모이는 축제의 분위기는 어떤지 보고 싶었다.

부천판타스틱영화제에서 상영하는 영화들을 선정하는 프로그래머 일을 하게 되면서 작년에 처음 유바리 영화제에 갔다. 영화제를 주최하는 유바리시가 도산한 이후 과거의 영광은 사라졌고 겨우 명맥을 유지하는 상태였지만, 특유의 뜨거운 분위기는 여전히 살아 있었다. 예산이 부족해서 해외영화인의 수는 적었지만, 일본 각지에서 모여든 영화광들의 열기는 활활 불타올랐다. 특히 올해는 오사카와 교토 등 간사이 지역 대학에서 영화를 만드는 젊은이가 많이 참가하여 자신들의 영화를 적극적으로 알리는 모습이 좋았다. 유바리 영화제에는 장르영화에 대한 애정이 넘치는 영화인들이 함께 격의 없이 술잔을 기울일 수 있는 끈끈한 분위기가 지금도 남아 있다.

시체스는 바르셀로나에서 한 시간 정도 거리에 있는 작은 휴양 도시다. 남유럽의 느긋하고 편안한 분위기를 가진 조용한 마을. 이곳에서 50년간 공포와 SF와 판타지의 축제가 이어져 왔다. 시체스 영화제 기간에는 곳곳에서 킹콩 형상을 발견할 수 있다. 엠파이어스테이트 빌딩을 올랐던 킹콩이 시체스 영화제의 상징이다. 말리야 호텔에서 주요 상영과 행사가 열리고, 중심가의 레티로와 프라도 극장에서 영화가 상영된다. 멀티플렉스가 아닌 단관. 오래전에는 오페라와 연극이 열리던 극장이 영화관이 되었고, 영화제 기간이 아닐 때는 다른 용도로도 이용된다고 한다. 스크린과 좌석만 놓여 있는 멀티플렉스가 아니라 경험과 추억을 공유하는 공간으로서 영화관을 오래간만에 맛볼 수 있었다.

장르영화를 상영하고, 다양한 전시를 하고, 영화인과 관객이 만날 수 있는 자리를 만드는 것은 모든 영화제가 비슷하다. 올해 시체스 영화제에서는 과거 영화제에서 상영했던 영화들의 포스터를 전시했다. 상영 당시 감독과 배우 등이 사인을 한 예전 포스터들. 프랑켄슈타인을 주제로 화가와 일러스트레이터들이 작업한 전시회와 알프레도 히치콕과 스탠리 큐브릭의 『사이코』, 『현기증』, 『이창』, 『샤이닝』, 『2001 스페이스 오딧세이』 등을 테마로 만든 페이퍼 아트 전시회도 있었다. 판타스틱영화제에서 상영하는 장르영화를 테마로 구성된 전시는 다양한 볼거리를 제공한다.

상영하는 영화와 전시회 등에서 판타스틱영화제의 정체성을 만날 수 있었다. 개인적으로 이번 시체스 영화제에서 가장 인상적인 풍경은 해변에 늘어선 마켓이었다. 영화제가 열리면 해변의 음식점과 카페가 늘어선 거리에 영화와 관련된 다양한 상품을 파는 노점들이 늘어선다. 영화제에서 관리하는 영화제 마켓이다. 영화 포스터, 서적, 캐릭터 상품, 책과 DVD, 티셔츠와 액세서리 등 다양한 상품이 있다. 보통 영화제에서 파는 영화 관련 상품들과는 약간 다르다. 일단 물건을 파는 사람들부터가 마니악한 외관인 경우가 많다. 판타스틱한 장르영화를 좋아하는 사람들이 관련된 상품을 만들고 판다. 사는 사람들도 당연히 장르와 장르영화를 좋아하는 사람들이다. 피가 뚝뚝 떨어지는 심장 모양의 액세서리나 좀비 마스크 같은 것을 누구나 좋아하지는 않을 테니까. 노점이 늘어선 해변 거리를 걷고 있으면 중년은 물론 백발의 노인이 호러영화 티셔츠를 입고 다니는 풍경도 만날 수 있다. 50년 동안 시체스 영화제가 성황리에 열렸으니, 그 시절 아이였던 관객들은 이제 노인이 되었을 것이다. 그리고 여전히 장르영화를 즐기고 있고.

요즘은 약간 덜한 것 같지만 예전에는 어른이 한심하게 XX나 보고 있느냐는 핀잔이 많았다. XX에는 영화도 있고, 만화도 있고, 게임도 있었다. 먹고살기 위해 일하는 데 필요한 것을 빼고는 대부분 쓸모없다고 생각하는 경우가 많았다. 고급한 예술은 그래도 교양을 위해 필요하지만, 대중오락은 어른이 즐길 만한 것이 아니라고 생각하는 편견. 만화를 보고 낄낄대거나, 게임을 한다고 오락실에 출입하는 것은 덜떨어진 어른이나 백수 정도가 하는 짓이라고 생각했다. 하지만 시대는 변했고, 대중문화와 오락을 사회생활의 윤활유 혹은 활력을 불어넣기 위한 필수 요소로서 인정하는 경향도 강해졌다.

시체스 영화제에서 가장 좋았던 것은 관객이었다. 청년, 중년, 노년 상관없이 자신이 좋아하는 영화를 보기 위해 줄을 서고, 영화를 보다 멋진 장면이 나오면 환호하고 박수 치고, 좋아하는 영화의 캐릭터 상품을 사기 위해 노점을 기웃거리는 풍경. 어른이 되어서도 자신이 무엇을 좋아하는지 잘 알고 있는 사람들이 많아서 좋았다.

오래된 공간

몇 년 전부터 일본의 소도시로 자주 여행을 가고 있다. 마츠에, 가나자와, 다카마쓰, 가고시마, 오카야마, 카와고에 등. 가장 좋은 곳이 어디냐고 묻는다면 답할 수 없다. 어디에나 그곳만의 매력이 있다. 마츠에는 운하가 많은 물의 도시이고, 일본 최고의 정원으로 꼽히는 아다치 미술관이 있다. 금 세공기술이 발달한 가나자와는 화려한 기품이 있다. 다카마쓰는 느긋하고 한적하여 여유가 느껴진다. 어떤 소도시를 가더라도 그곳 특유의 공간과 음식, 토산품들이 반겨준다. 최고의 하나를 꼽기 힘든 이유다.

그래도 하나만 이야기해 달라면, 도쿄에서 두 시간 정도로 갈 수 있는 가마쿠라를 꼽는다. 역사에 관심 있다면 일본의 첫 무신정권인 가마쿠라 막부를 들어 봤을 것이다. 만화를 좋아한다면 『슬램 덩크』, 영화를 좋아한다면 만화가 원작인 『바닷마을 다이어리』의 배경으로 기억할 수도 있다. 혹은 『상남 2인조』라는 만화에 나오는 바닷가 쇼난으로도. 가마쿠라는 고풍스러운 정취를 간직한 곳인 동시에 조용한 별장지이기도 하고, 서핑과 해수욕을 즐기는 젊은이들이 찾아오는 바닷가이기도 하다.

가마쿠라의 전철인 에노덴을 타면 집과 집 사이로 스쳐지나가듯 달리다가 확 눈에 들어오는 바다를 만날 수도 있다. 걸어서 갈 수 있는 섬, 에노시마에는 용이 찾아와 놀았다는 바닷가가 있다. 조금만 일기가 나빠지면 파도가 높아져서 출입금지인 곳이다. 에노시마에서 바다 멀리 나아가면 아마도 태평양일 것이다. 가마쿠라에 가면 느긋해진다. 에노시마를 걸어 구석구석 돌아다닐 때도, 정기권으로 에노덴을 타고 가다 아무 역에서나 내려 바다를 보거나 차를 마실 때도 한가롭다. 급할 것이 없고, 어딘가로 빨리 가야 할 이유도 없다. 가마쿠라에 가면 시간이 느리게 가는 느낌이다.

지난 3월에도 가마쿠라에 갔다. 도쿄에서 전철을 타고 가다가 모노레일로 바꿔 탔고, 에노시마 근처의 역에 내렸다. 지난번에는 다리를 건너며 멀리 후지산을 볼 수 있었지만 이번에는 날이 흐려 아무것도 보이지 않았다. 오락가락하는 비를 맞으며 오르막길을 올라 신사를 지나고, 전망대를 거쳐서 용이 놀던 바닷가를 갔다. 이미 가 본 곳이었지만 여전히 새로운 느낌이었다. 좋은 책은 볼 때마다 새롭게 다가오는 것처럼. 에노시마를 나와 에노덴을 탔다. 『슬램 덩크』의 강백호가 지나다니던 가마쿠라 고등학교 앞 건널목이 있는 역에 내려서 해변을 걸었다. 그리고 바다가 보이는 식당에서 점심을 먹었다. 아직 이를 텐데도 서핑을 즐기는 사람들이 많았다. 젊은이들만이 아니었다. 흰머리가 가득한 중년, 노년의 남자들이 서핑 보드를 들고 바다로 오가는 모습을 몇 번이나 보았다. 일본에서는 1980년대부터 서핑이 유행이었고, 그 시절 서핑을 즐기던 이들은 지금도 변함없이 취미를 이어 가고 있다. 이런 꾸준함과 일상의 여유가 보기 좋았다.

가마쿠라 역에 도착한 뒤 역에서 시작되는 상점가에서 한 카페를 찾았다. RONDINO라는 이름이 붙은

간판에는 1967년부터 시작했다고 되어 있었다. 주문을 받고, 서빙도 하는 분은 족히 50은 넘어 보이는 여성이었다. 카운터에서 커피를 내리는 남자 둘은 젊었다. 카페의 시작부터 그들이 함께했을 리는 없다. 아직 어리거나 태어나기도 전이었을 테니. 가게를 운영하고 이어 가는 사람들은 바뀌었어도 공간은 여전했다. 커피는 진하고 맛있었다. 애플파이의 맛도 깊었다. 오래된 가게의 변함없는 맛이다.

가마쿠라역에서 전철을 타고 숙소가 있는 도쿄의 신주쿠역에 내렸다. 저녁을 먹고 근처에 있는 재즈바를 찾았다. DUG라는 이름의 재즈바는 신주쿠 대로에 있었다. 무라카미 하루키가 대학 시절에 자주 갔다는 곳이었다. 하루키가 쓴 소설 『노르웨이의 숲』에 나오는 인물들이 찾아가는 재즈바이기도 하다. 좁은 계단을 내려가 문을 열고 들어서니 재즈와 담배 냄새가 가득하다. 일본은 아직도 식당이나 술집에서 담배를 피울 수 있는 곳이 많다. 술 한잔을 마시며 재즈 음악을 듣는 것만으로도 기분이 좋아진다. 옆에 놓여 있던 성냥을 문득 보니 DUG가 시작한 해도 1967년이다.

그날 오후에는 가마쿠라에서 1967년 문을 연 카페에서 커피를 마셨고, 저녁에는 신주쿠에서 같은 해에 시작한 재즈바에서 술을 마셨다. 50년이 넘는 세월 동안 사라지지 않고, 여전히 사람들이 찾아오는 공간들을 만났다. 과거의 시간을 생각해 보니 대견하기도 하고 쓸쓸하기도 했다. 변하지 않고 지켜 온 공간이 대견하고, 흐르는 세월 동안 스쳐 간 많은 이들을 생각하니 한편 쓸쓸했다.

오랜 시간을 버틴다는 것은 매우 중요하고 의미 있다. 흔히 고전이라고 하는 책이나 영화, 음악도 그렇다. 한 시대에 대중의 인기를 끌고 많이 팔리는 책이라고 해서 30년, 50년 뒤에도 같은 반응을 얻거나 의미를 부여하기는 쉽지 않다. 시대의 공기를 읽어 내고 제대로 표현하는 것도 중요한 일이지만 시간과 공간을 뛰어넘어, 견뎌내면서 계속해서 독자에게 울림을 만들어 내는 것은 정말 어려운 일이다. 고전은 당대만이 아니라 수십 년, 오래는 수백 년을 지나서도 사람들에게 중요한 의미나 깨달음, 감동을 전달할 수 있는 작품이다.

공간도 마찬가지가 아닐까. 고대의 유적지를 찾으면 묘한 감흥에 젖어 드는 경우가 있다. 그것을 혹자는 시간에 대한 초월이라고 말한다. 인간이 가지고 있는, 기껏해야 100년 정도의 시간과는 다른 시간의 경험. 인간에 비하면 유적의 시간은 수백 년 또는 수천 년을 헤아린다. 고대의 유적을 한참 물끄러미 보고 있으면 나의 시간, 인간의 시간이 아니라 유적의 시간을 느끼고 체험하게 된다. 개인이 경험할 수 없는 거대한 시간을 대리 혹은 유사 체험하게 되는 것이다. 시간을 넘나드는 것만으로도 고양감이 느껴진다.

50년이 넘은, 가마쿠라의 카페 RONDINO와 신주쿠의 재즈바 DUG를 찾았을 때도 설레는 감흥이 느껴졌다. 50년은 인간이 경험할 수 있는 시간이고, 개인으로 본다면 중년과 노년의 사이라고 할 수 있다. 젊은 시절을 이미 떠나보내고 난 후의 시간. 여전히 젊다고 생각할 수도 있지만 그동안의 세월이 많은 상처와 흔적을 남겼을 만한 나이. 굳건히 과거의 아우라를 유지하고 있는 공간을 보며 인간의 50년에 대해서 생각했다. 여전히 많은 미래가 남아 있는 인간으로서 존엄을 위해 지켜 나가야 할 것들에 대해서.

3주차, 리뷰 쓰기

내가 글을 쓰는 것은 전적으로
내가 무엇을 생각하고 있는지,
내가 무엇을 보고 있는지,
내 눈에 무엇이 보이며 그것이 무슨
의미인지 알아내기 위해서다.

존 디디온

내가 리뷰를
쓸 수 있다고?

리뷰 쓰기는 어렵지 않습니다. 우리가 보고
듣고 경험하면서 평가하는 많은 것들을
조금 더 생각하고 정리해서 문장으로
표현하는 것입니다. 내 눈으로 보고 들은 것을
내 시각으로 평가하고 해석하는 것.
그리고 나의 문장으로 쓰는 것. 이것뿐입니다.

지금까지 일기와 에세이를 써 봤습니다. 일기와 에세이는 형식상 크게 다르지 않습니다. 둘 다 자신의 경험을 바탕으로 자신의 생각이나 주장을 말하는 글입니다. 다른 점은 일기는 자신을 위해 쓰고, 에세이는 제3자를 대상으로 쓴다는 것입니다. 에세이는 내가 아닌 독자가 읽고 이해해야 하기 때문에 독자의 입장에서 어떻게 읽히는지가 중요합니다. 나만 이해할 수 있는 글이 아니라 독자가 알 수 있는 글을 써야 합니다. 독자에게 충분한 정보를 주고, 나의 생각이나 주장을 알리는 글이어야 합니다.

리뷰는 짧은 비평

이번 주에는 리뷰를 씁니다. 지금까지 써 온 일기와 에세이와는 조금 다릅니다. 리뷰는 어떤 대상을 보고 듣고 자신의 감상과 해석을 쓰는 것입니다. 그렇다면 비평과는 무엇이 다른가 하는 생각이 들 겁니다. 큰 차이는 없다고 해도 좋습니다. 학문적으로 따지고 들어가면 여러 차이점이 있지만, 지금 짧은 글을 쓰는 입장에서는 별반 다르지 않습니다. 리뷰(review)의 한국 말 번역이 종종 '단평(短評)'이라고 쓰이는 것처럼, 리뷰는 '짧은 비평'이라고도 할 수 있습니다. 비평은 소설, 영화, 연극, 만화, 전시, 공연 등을 보고 분석하는 글입니다. 영화를 보고 캐릭터가 어떤지, 스토리가 어떤지, 액션 장면이 어떤지 등을 따지고 가리면서 가치를 부여하는 것과 같지요. 하나의 작품을 완전하게 분석한다는 것은 결코 쉬운 일이 아니고 간단하지도 않습니다. 꼼꼼하게 모든 것을 따지고 들면 A4 용지로 적어도 대여섯 장은 나올 겁니다. 아니 그것도 부족하지요.

리뷰는 보통 A4 용지로 절반에서 많아야 두 장 정도로 마무리됩니다. 그런 점에서 진짜 단평이라고 부를 수 있습니다. 애초에 리뷰는 신문이나 잡지 등 대중적인 매체에서 영화와 연극 등에 대한 간단한 비평을 하기 위해서 만들어졌습니다. 목적은 매체를 보는 독자들이 영화나 소설 등을 고르는 데 도움을 주기 위해서였습니다. 그렇기에 리뷰는 좋다, 나쁘다를 우선 이야기하고 왜 좋거나 나쁜지를 설명하고 독자에게 알려 줍니다. 오로지 작품 자체를 분석하고 평가하기 위한 비평과 다른 점은 이것입니다. 리뷰는 단순히 해석으로 끝나는 것이 아니라 어느 정도의 가이드(안내)를 하고 있습니다.

물론 여러분이 리뷰를 쓴다고 하여 가이드를 해야 한다는 것은 아닙니다. 처음에는 가이드로 시작했지만, 지금의 리뷰는 다양한 필자의 영화나 소설에 대한 해석을 보기 위한 글이 되었습니다. 길고 복잡한 비평, 평론을 보기는 쉽지 않습니다. 이때 리뷰가 유용한 역할을 합니다. 작품에 대한 가치 판단과 다양한 해석을 통해서 작품의 다양한 면모를 보여 줄 수 있으니까요. 영화나 소설, 연극 등 다양한 장르에 취미를 갖는다면 직접 작품을 보는 것과 함께 리뷰를 보는 것이 많은 도움이 됩니다.

우리는 이미 일상에서 많은 리뷰를 하고 있다

리뷰를 쓰려면 무엇이 필요할까요? 공부를 많이 하고, 아는 것도 많아야 할까요? 물론 지식이 많다면 리뷰를 쓰는 데 도움이 되기는 하지만 필수 요소는 아닙니다. 사실 우리는 평소에도 다양한 리뷰를 하고 있습니다. 영화를 보면서 "이런 스토리는 말도 안 돼, 저 배우는 연기를 정말 잘하네." 등의 이야기를 합니다. 또, 식당에 가면 "분위기나 인테리어가 어떻고, 맛이 어떻고, 가격이 어떻고." 등에 대한 이야기를 하고요. 이런 것들도 다 리뷰에 가깝다고 할 수 있습니다. 다만 전문적인 리뷰가 되기 위해서는 조금 더 파고 들어가야겠지요.

"이 스파게티는 너무 맛이 없어. 짜고 퍽퍽해." 이런 정도로만 끝나면 단순한 감상입니다. 리뷰를 하고 싶다면 "면이 너무 많이 삶아져서 어떻게 됐다, 양념이 너무 많거나 적어서 맛이 어떻다." 이렇게 분석하고 논리적으로 결론을 도출해야 합니다. 어떤 영화에서 배우가 연기를 잘한다고 생각한다면, 어떤 연기를 잘하는지, 어떤 장면에서 어떤 스타일을 보여 주었는지, 어떤 이미지를 어떤 방식으로 드러내는지 등을 자신의 구체적인 언어로 이야기해야 합니다. 너무 어렵게 생각하지 마세요. 추상적으로 예를 드니 어려워 보이지만 실제로 인용해 보면 보다 분명하게 보입니다.

리뷰 쓰기에는 재미있게 본 '무언가'가 필요하다

리뷰를 쓰기 위해서 가장 중요한 것은 작품을 재미있게 보는 것입니다. 집중하지 못하고 보는 둥 마는 둥 하면 좋거나 나쁘거나 할 말도 없지요. 영화를 예로 들어 보겠습니다. 재미있게 어떤 영화를 봤습니다. 그런 다음 생각합니다. 뭐가 재미있었나? 스토리가 좋았나? 그렇다면 스토리의 무엇이 재미있었는지 따져 봅니다. 설정이 좋았을까? 반전이 좋았나? 매번 예상을 깨는 스토리의 흐름이 좋았나? 영화 속 어떤 인물이 좋았다면, 그 인물의 특징이 무엇인지 생각해 봅니다. 인물의 인상적인 대사나 큰 역할을 한 장면을 떠올려 봅니다.

이런 식으로 재미있게 본 영화를 되짚어 봅니다. 모든 것을 다 기억하려고 할 필요는 없습니다. 내가 재미있었던 요소를 생각하며 그것이 어떤 의미인지 정리해 봅니다. 리뷰는 짧은 글이기 때문에 영화의 모든 것을 설명할 필요는 없습니다. 내가 주의 깊게 본 요소들을 중심으로 설명하면 됩니다.

리뷰는 어떤 작품을 보고, 좋다 나쁘다 혹은 재미있다 재미없다는 가치 판단을 하고 그 이유를 설명하는 글이라고 할 수 있습니다. 일단 재미있게 보고, 내가 재미있었던 요소들을 분석해 보고, 그 이유를 논리적으로 설명합니다.

만약 언젠가 내가 어떤 분야의 리뷰를 전문적으로 쓰고 싶다면 필요한 공부가 있습니다. 영화를 예로 든다면, 영화 개론서와 영화사, 영화 이론에 대해 어느 정도는 알아야 합니다. 각 시대와 장르의 대표적인 영화들도 꼭 챙겨서 봐야 합니다. 하지만 지금 별다른 계획이 없다면, 아마추어로서 내가 내킬 때마다 글을 쓰고 싶다면 부담을 갖지 않아도 좋습니다. 영화나 소설이나 만화나 무엇이든 보고 나서 뭔가 한마디 하고 싶은 작품이 있을 때만 리뷰를 쓰면 됩니다. 간단하게 내가 재미있는 이유를 적으면 되지요. 나는 이렇게 보았고, 이래서 이 영화가 재미있는 것 같다. 이 정도면 충분합니다.

리뷰는 쉽다! 조금만 더 파고든다면

리뷰 쓰기는 어렵지 않습니다. 우리가 항상 보고 듣고 경험하면서 평가하는 많은 것들을 조금 더 생각하고 정리해서 문장으로 표현하는 것입니다. 내 눈으로 보고 들은 것을, 내 시각으로 평가하고 해석하는 것. 그리고 나의 문장으로 쓰는 것. 이것뿐입니다.

간단하지요?

리뷰 쓰기

무엇이든 보고 나면 무조건 메모하기

목표 리뷰 쓸거리를 찾는 방법과 메모의 중요성을 이해하고 연습한다.

리뷰를 쓰는 것은 무엇이든 보는 것부터 시작합니다. 일기와 에세이는 매일 벌어지는 일들에서 출발해도 좋습니다. 하지만 리뷰는 영화든 책이든 공연이든 뭔가를 봐야만 쓸 수가 있습니다. 무엇을 봐도 좋습니다. 하지만 아무것이나 보는 사람은 없지요. 아주 가끔 친구가 무작정 뭘 같이 보자고 해서 따라가는 경우는 있지만 내가 시간과 돈을 들여서 보는 것을 허투루 정하지는 않습니다. 지금 사람들이 좋아하는 무엇이건, 내가 꼭 보고 싶었던 무엇이건 거기엔 다 이유가 있습니다.

1 리뷰 쓸거리 찾는 방법

영화나 책이나 베스트셀러가 있습니다. 가장 잘 팔리는 이유는 있겠지만 베스트셀러라고 소문이 나면 사람들은 관심을 가집니다. 내가 안 본 것에 대해 주변 사람들이 이야기하면 나만 못 본 것 같아 조급해지기도 합니다. 많은 사람들이 본 것일수록 대화에 끼려면 일단 봐야 하니까요. 영화나 한 편 볼까 하면, 지금 흥행 1, 2위인 영화가 무엇인지 확인하고 시간표를 확인합니다. 책이나 한 권 읽을까 하면, 잘 팔리는 책 중 관심이 가는 책을 고릅니다. 많이 본다는 것은 검증이 많이 되었다는 의미이기도 하니까요. 이런 베스트셀러 중에서 골라도 됩니다.

평소에 자신이 좋아하는 것들의 목록을 만들어 두는 것도 좋습니다. 영화나 책을 많이 보다 보면 어렴풋이 자신의 취향을 알게 됩니다. 너무 왁자지껄한 영화는 싫다거나 전개가 너무 느린 영화는 싫다거나 뮤지컬 영화는 되도록 피한다거나 등. 그러다가 좋아하는 배우나 감독을 발견하면 그들의 이름을 기억하게 됩니다. 그리고 좋아하는 감독과 배우의 신작을 기다리는 것만이 아니라 그들이 만들거나 출연했던 이전의 영화들을 찾아보게 됩니다. 그러다가 다시 누군가를 발견하고 가지를 뻗어 가지요. 이 과정에서 자신이 좋아하는 감독과 배우가 어떤 취향을 가졌는지 알게 되고 적당히 취향이 만들어지면서 자신이 무엇을 좋아하는지 알게 됩니다.

2 리뷰의 시작은 메모

리뷰를 쓰기 위해 처음부터 확고한 취향이 필요한 것은 아닙니다. 다만 자신의 취향을 통해서 선호도를 파악하고, 그것이 어떤 의미인지를 알 수 있습니다. 영화나 책이나 모든 사람의 칭찬만 받거나 비난만 절대적으로 받는 경우는 거의 없습니다. 누군가 좋아하면, 누군가는 싫어하죠. 그것은 단지 해석의 문제만이 아니라 취향의 문제에도 걸쳐져 있습니다. 객관적으로 대상을 바라보지만 주관적인 선호에 따라서 선택이 이루어집니다. 자신의 취향을 잘 알고 있다면 그것만으로 판단하고 결정을 내리는 것은 위험하다는 것을 알게 됩니다.

그래서 일단 절대적으로 메모가 필요합니다. 보고 들은 것을 적는 습관을 들이는 것이 좋습니다.

3 리뷰를 위한 메모법

리뷰를 쓰기 위해 영화나 소설을 봅니다. 오늘 본 것이 아니어도 됩니다. 어제나 그저께, 주말에 보았던 작품이 있나요? 비교적 최근에 본 것이면 더 좋습니다. 공연, 전시, 음반, 드라마, 만화 등 어떤 장르여도 무방합니다. 여러 작품이 있다면 가장 기억에 남는 작품 하나만 골라 보세요. 그리고 메모를 합니다.

우선은 제목을 적고, 다음에는 작가, 영화감독, 연출자, 공연자 등 창작가의 이름을 적습니다. 연도나 극단이나 출판사 등을 적을 수도 있습니다. 객관적인 정보를 필요한 만큼 메모에 적습니다. 영화라면 제목과 감독, 주연 배우들, 필요하다면 음악이나 노래 제목을 적을 수도 있습니다. 이때 처음부터 한꺼번에 이 모든 것을 다 적으려고 할 필요는 없습니다. 인터넷으로 검색하면 단순한 정보는 나중에도 찾아서 확인할 수 있으니까요. 그리고 보면서 느꼈던 감상이나 감정을 기억나는 대로 적습니다. 약간 더 깊이 생각해 보고, 구체적으로 적습니다. 마찬가지로 작품 속의 인상적인 대사나 장면 중 무엇이건 기억에 남은 것이 있다면 적습니다. 약간의 코멘트를 붙여서 적어도 됩니다. 그리고 다 보고 난 후의 느낌이나 생각을 적습니다. 이 단계에서는 그리 논리적이지 않아도 됩니다. 생각나는 대로 메모하고 기록하는 게 중요한 단계니까요.

➦ 〈블레이드 러너 2049〉

감독: 드니 빌뇌브

주연: 라이언 고슬링

1982년에 나온 리들리 스콧 감독의 걸작 〈블레이드 러너〉 속편. 사이버펑크 영화의 전설로 평가.

해리슨 포드는 이번에도 나옴. 룻거 하우어. 원작을 보지 않고는 이해가 쉽지 않다.

신과 인간과 리플리컨트. 아이를 낳는 리플리컨트.

'누군가 실제로 경험했던 기억'을 가진 리플리컨트는 인간과 다를까?

인간에게만 영혼이 있는 것일까?

드니 빌뇌브의 전작들: 〈그을린 사랑〉, 〈에너미〉, 〈컨택트〉, 〈시카리오: 암살자의 도시〉

〈어벤져스: 엔드 게임〉

마블 영화

타노스에 의해 우주 절반의 존재가 먼지로 사라진 후.

시간 여행은 가능할까? 양자 역학.

아이언맨으로 시작된 11년간 마블 영화의 총정리. 중심인 캡틴 아메리카와 아이언맨에게 바치는 영화. 캡틴 아메리카의 소원을 이루어 주었고, 아이언맨에게 모든 영광을 돌렸다.

블랙 위도우는 단독 영화가 나오지만, 이번 작품에서 역할은 너무나도 아쉽다. 홀대한 느낌.

여성 캐릭터의 비중이 높아졌지만 여전히 중심은 남성 캐릭터. 페이즈4 이후를 기대.

4 리뷰를 위한 메모가 중요한 이유

감상 메모를 적는 이유는 간단합니다. 다음에 리뷰를 쓸 때 기초 자료가 되기 때문입니다. 보고 나서 바로 리뷰를 쓰는 것이 아니라면 아무래도 기억에는 한계가 있습니다. 시간이 흐르면서 감상이 달라지기도 합니다. 과거의 메모를 보면, '아, 이때는 내가 이런 생각을 했구나.' 하며 되짚어 볼 수도 있습니다.

리뷰를 쓰기 시작할 때 메모는 출발점입니다. 작품을 보자마자 썼던 메모를 보면서, 당시 내가 이런 생각을 했던 이유가 무엇인가 생각해 봅니다. 그리고 다시 한번 그때의 생각을 떠올려 봅니다. 작품을 보면서 내가 받았던 느낌이나 감정 등을 다시 정리하며 리뷰를 쓰는 것입니다.

짧게 써도 좋습니다. 단어를 나열해도 좋습니다. 보고 나서 지금 나의 느낌을 적는 것. 그것만으로도 충분합니다. 또한, 이런 메모를 위한 메모장을 만들어 기록을 쌓아 가는 것은 훗날 전문 리뷰어가 되는 데 큰 도움이 되는 좋은 습관입니다.

리뷰 쓰기를 위한 간단한 메모를 작성해 보세요. 한 편, 두 편, 세 편까지도 좋습니다. 그리고 내일, 모레, 이번 주, 계속해서 꾸준히 메모하는 연습을 합니다.

리뷰 쓰기를 위한 간단 메모 1

리뷰 쓰기를 위한 간단 메모 2

리뷰 쓰기를 위한 간단 메모 3

자꾸자꾸 쓰고 싶은
쓰기 노트

리뷰 쓰기

키워드를 문장으로 정리하기

 목표 키워드로 문장을 정리하며 리뷰를 쓸 수 있다.

어제는 작품을 보고 메모하는 연습을 했습니다. 메모하는 습관은 매우 중요합니다. 작품을 보고 생각난 것들을 시간이 흐른 후에도 다 기억할 수 없을 때 메모는 대단히 중요한 기억의 창고 역할을 합니다. 또한 메모를 할 때 아무리 단문이나 단어로만 간단히 적어도 생각을 하게 됩니다. 작품을 보면서 받았던 느낌, 들었던 생각 등을 다시 한번 정리하면서 글로 적게 되지요. 머릿속으로만 어렴풋하게 느끼던 것들도 단어, 문장으로 정리하면 보다 구체적으로 기억에 남습니다. 오늘은 메모장에 적은 내용을 키워드로 정리해 문장으로 확장하는 연습을 해 봅니다.

1 메모장에서 작품 고르기

습관적으로 메모하는 것이 필요합니다. 물론 모든 작품에 대해서 메모할 필요는 없을 것입니다. 일단은 보고 좋았거나 재미있었던 작품에 대해서만 메모를 합니다. 그렇게 메모를 적어 두다가 어느 날인가 리뷰를 쓰게 됩니다. 문득 생각이 나서 써도 좋고, 특별한 이유가 있어도 좋습니다. 그때 메모장을 다시 훑어봅니다.

메모장을 뒤적이며 예전에 보았던 작품들을 떠올리면 다양한 생각이 들 것입니다. 그중에서 마음에 드는 작품을 고릅니다. 뭔가 기억에 선명하게 떠오르는 작품이나 다시 한번 보고 싶은 작품이 좋습니다. 아니면 메모장을 꺼낼 필요도 없이, 최근에 본 가장 좋았던 작품을 고릅니다. 기억도 선명하고, 그때 본 감동이 남아 있다면 더욱 좋겠지요.

메모장에서 『어벤져스: 엔드 게임』을 골랐습니다.

≡▷ 〈어벤져스: 엔드 게임〉

마블 영화

타노스에 의해 우주 절반의 존재가 먼지로 사라진 후.

시간 여행은 가능할까? 양자 역학.

아이언맨으로 시작된 11년간 마블 영화의 총정리. 중심인 캡틴 아메리카와 아이언맨에게 바치는 영화. 캡틴 아메리카의 소원을 이루어 주었고, 아이언맨에게 모든 영광을 돌렸다.

블랙 위도우는 단독 영화가 나오지만, 이번 작품에서 역할은 너무나도 아쉽다. 홀대한 느낌.

여성 캐릭터의 비중이 높아졌지만 여전히 중심은 남성 캐릭터. 페이즈4 이후를 기대.

2 리뷰 키워드 선정하기

마블 영화 마니아는 아니지만 꽤 많은 마블 영화를 보았다면 충분히 리뷰를 써 볼 만한 영화입니다. 메모를 다시 읽어 봅니다. 그러면서 자신이 영화를 볼 때 느꼈던 감정이나 생각을 떠올려 봅니다. 뭐가 가장 좋았을까? 뭐가 가장 기억에 남았을까?

메모를 검토하면서, 좀 더 구체적으로 당시의 생각들을 정리해 봅니다. 이때 몇 가지 키워드를 잡아서 생각을 발전시킬 문장들을 적어 보면 좋습니다.

➬ 키워드: 시간 여행

사랑하는 사람들을 되살리는 것은 가능할까? 시간을 되돌려 부활한다 해도 다시 누군가는 죽는 것이 아닐까? 또 시간을 거슬러 과거로 가서 다시 시작한다면, 5년 동안 태어난 아이들은 다시 사라지는 것일까?

키워드: 캡틴 아메리카의 또 다른 선택

캡틴 아메리카가 에이전트 카터와 다시 만나 춤을 추는 장면이 너무 좋았다. 얼음에 갇혀 수십 년의 세월을 흘려보내고, 노인이 된 카터를 다시 만나고 그녀의 죽음을 지켜봐야만 했던 캡틴 아메리카. 그는 과거의 시간을 택하고, 카터와 함께 또 하나의 행복한 인생을 맞이한다. 슈퍼히어로와 평범한 행복이 양립하는 것이 과연 가능한 일일까.

키워드: 블랙 위도우의 초라한 죽음 혹은 마블의 여성 히어로 홀대

마블에서 여성 슈퍼 히어로의 단독 히어로 영화는 〈캡틴 마블〉이 처음이었다. 〈어벤져스 1〉에 블랙 위도우와 〈어벤져스 2〉에 스칼렛 위치 등이 있었지만, 수도 비중도 약했다. 〈어벤져스: 엔드게임〉에서는 소울 스톤을 얻기 위해 블랙 위도우를 희생시킨다. 아이언맨과 캡틴 아메리카를 위해 〈엔드 게임〉의 모든 스토리를 집중시킨 것에 비하면 블랙 위도우는 희생이 아니라 필요에 의해 처리한 것 정도로 보인다. 아무리 단독 영화가 곧 나온다 해도 블랙 위도우 그리고 여성 슈퍼 히어로에 대한 홀대는 아쉽다.

글을 쓰기 위해서는 소재나 주제가 필요합니다. 리뷰의 소재는 내가 본 작품입니다. 그렇다면 주제는 무엇일까 생각해 봅니다. 학교에서 배운 주제와 글을 쓸 때의 주제는 조금 다릅니다. '슈퍼 히어로의 희생은 위대하다.' 이런 주제로 리뷰를 쓰겠다면 고려해야 할 것이 너무 많습니다. 그러면 누구의 희생을 예로 들까? 희생이 위대하다는 것을 의미하려면 그의 고결함이나 인간성을 내세워야 할까? 상황의 절박성이 더 중요하지 않을까? 사실 주제는 완성된 글을 분서하면서 끌어내는 핵심 정도입니다. 글을 쓰기 전에 필요한 것은, 내가 정확하게 무슨 이야기를 하고 싶은가입니다.

하고 싶은 이야기가 주제라고도 할 수 있지요. 하지만 주제는 보통 추상적으로 잡아낸 핵심입니다. 추상적인 주제를 글로 쓰기 위해서는 일단 소재를 잡고, 소재의 무엇을 어떤 방향으로 쓸 것인지를 생각해야 합니다. 즉, 주제를 잡고 소재를 생각하기보다는 소재를 잡고 자신이 말하고 싶은 방향을 결정하면서 나아가면 자연스럽게 주제가 떠오릅니다. 키워드를 잡고, 키워드를 발전시키면 자연스럽게 글이 앞으로 나아가는 것과 마찬가지입니다.

메모를 하세요. 그리고 글을 쓰기 전에 메모를 읽어 보세요. 그리고 리뷰를 어떻게 쓰면 좋을까 생각해 보세요. 키워드는 그냥 단어가 아니라 내가 중요하게 생각하는 것, 내가 하고 싶은 말입니다. 그것을 시작으로 리뷰를 쓴다면 어떻게 될 것인가? 그것을 시작으로 키워드를 발전시켜 문장을 쓰고, 한 문단 정도로 발전시킵니다.

오늘의 과제는 키워드를 잡아서 발전시키는 것입니다. 영화든 책이든 음반이든 무엇이든 좋습니다. 작품의 키워드를 뽑아 발전시켜 보세요. 2개 정도 써 보면 됩니다.

① 키워드

키워드를 문장으로 발전시키기

② 키워드

키워드를 문장으로 발전시키기

자꾸자꾸 쓰고 싶은
쓰기 노트

리뷰 쓰기

좋으나 싫으나 팩트로 설명하기

목표 팩트 중심 리뷰 쓰기의 중요성을 이해하고, 팩트 중심으로 리뷰를 써 본다.

지난 이틀간 리뷰 쓰기를 메모와 키워드 발전시키기로 연습했습니다. 메모는 처음 보았을 때의 느낌을 정리하여 기억하는 것이고, 키워드 발전시키기는 자신의 생각을 논리적으로 발전시키는 것입니다. 오늘은 키워드를 발전시키고 리뷰를 쓰는 구체적인 과정을 알아보겠습니다.

1 리뷰를 쓰는 여러 가지 방법

리뷰를 어떻게 쓰면 좋은가라는 말에 한 평론가는 이렇게 말했습니다. "일단 좋은지 나쁜지를 써라. 그리고 왜 좋은지 아니면 왜 나쁜지를 90% 설명해라." 일종의 공식처럼, 리뷰에서는 처음부터 단도 직입적으로 나쁘다, 좋다를 써도 좋습니다. 아직 리뷰에 익숙하지 않을 때는 우선 지르고 시작하는 겁니다. 어떤 영화를 보고 나서 이 영화가 좋았는데 왜 좋았는지를 하나둘 설명하는 것입니다.

물론 리뷰를 반드시 이런 식으로 써야 하는 것은 아닙니다. 처음부터 좋다, 나쁘다를 말하기보다 중요한 장면이나 상황들을 설명하고, 영화의 뛰어난 점이나 아쉬운 것들을 부각하면서 서서히 독자를 끌어갈 수도 있습니다. 때로는 그런 방식이 더 설득력 있을 수도 있고요. 처음에 결론을 제시하면 인상적이지만, 그렇기 때문에 오히려 경계심이 들 수도 있습니다. 글을 따라가기보다는 리뷰의 설명에 대해 따지고 드는 경우가 생길 수도 있습니다.

그럼에도 불구하고 호오를 먼저 드러내는 이유가 있습니다. 처음 글을 쓸 때는 분명하게 목표를 제시하고 나아가는 것이 편하기 때문입니다. 글의 구성을 복잡하게 하지 않고 간단하면서도 명료하게 말하려는 바를 제시할 수 있는 장점이 있습니다.

2 호오 중심의 리뷰 쓰기 실전

그러면 리뷰 쓰기를 시작해 보죠. 영화나 소설이나 다 좋습니다. 자신이 본 작품 중에서 좋았거나 별로였던 생각이 들었던 것을 골라 써 봅시다. 시작은 다음 문단 정도면 됩니다.

➡ 〈어벤져스: 엔드게임〉은 감동적이었다. 〈아이언맨〉으로 시작된 '인피니티 사가'를 완벽하게 마무리하는 완결작이었다. 그동안 등장했던 많은 슈퍼 히어로들이 한꺼번에 등장하면서도 혼란스럽지 않고, 마지막을 맞이하는 슈퍼 히어로들의 은퇴식도 융성하게 치러 주었다. 그야말로 화룡점정이라고나 할까.

특히 좋았던 것은 캡틴 아메리카의 이야기였다. 아이언맨의 죽음도 감동적이었지만, 캡틴 아메리카에게 부여한 역할은 더욱 좋았다. 과거로 돌아가 모든 것을 마무리하는 임무를 맡은 캡틴 아메리카는 그대로 과거에 머무른다. 비극적인 이별을 했던 페기 카터를 다시 만나 또 하나의 인생을 살아가기로 선택한다. 지구를 지키는 슈퍼 히어로가 아니라 사랑하는 연인을 만나 행복한 가정을 이루는 평범한 삶의 시간들.

두 번째는…….

〈어벤져스: 엔드게임〉은 좋았지만 한편으로는 아쉬웠다. 아이언맨, 캡틴 아메리카, 블랙 위도우, 토르, 헐크, 호크아이 등 슈퍼 히어로 1세대와 스칼렛 위치, 닥터 스트레인지, 블랙 팬서, 앤트맨과 와스프 그리고 마지막으로 합류한 캡틴 마블까지 각자의 역할은 충실하게 수행한다. 하지만 여성 캐릭터들이 여전히 부족하고 어설프다. 여성 슈퍼 히어로들이 한자리에 모인 장면은 의미심장하지만 뭔가 달래 주기 위한 요식 행위나 서비스 같기도 하다.

무엇보다 불만은 블랙 위도우의 최후다. 소울 스톤을 얻기 위한 희생은 충분히 가치 있고, 블랙 위도우의 헌신적인 캐릭터를 잘 보여 준다. 호크아이와 함께 서로 죽겠다고 싸우는 것도 인상적이다. 하지만 결국 블랙 위도우가 맞이한 죽음은 아쉽다. 그것으로 끝이다. 가모라도, 블랙 위도우도 어째서 여성 캐릭터에게 놓인 최고의 자리는 희생이어야만 하는가. 그들의 희생이 나쁘다는 것이 아니라 여성 캐릭터의 희생이 마치 클리셰처럼 보이기 때문이다.

캡틴 마블의 미미한 활약상 또한 아쉽다…….

좋다, 나쁘다를 이야기했다면 다음에는 왜 그런지 이유를 써야 합니다. 영화나 소설이라면 어떤 장면, 어떤 대사가 좋았다거나 캐릭터에 대한 이야기를 합니다. 이때 추상적으로 이야기하는 것은 문제가 됩니다. "캡틴 아메리카는 언제나 정의를 주장하는 캐릭터라서 좋다." 이렇게 한마디를 하는 것은 괜찮습니다. 하지만 글을 쓸 때는 다음에 구체적으로 설명이 들어가야 합니다. 어떤 식으로 정의를 주장하는 캐릭터인지, 대사나 장면에서 어떤 식으로 캐릭터가 드러나는지 설명해 줘야 합니다. 정의라는 단어는 추상적이기 때문에 사람들마다 생각하는 범위나 규정이 다릅니다. "그는 정의를 사랑해. 그는 착해." 이런 말로는 정확하게 설명이 불가능합니다. 반드시 "어떻게 착한데? 그가 원하는 정의는 무엇인데?" 이렇게 나오는 질문에 답할 수 있어야 합니다.

"캡틴 아메리카에게 새로운 선택을 하게 하는 것이 좋았다." 이렇게 이야기한다면, 그 선택이 왜 좋은지를 설명해 줘야 합니다. "무엇이 좋았다." 이것만으로 끝나 버리면 독자는 어떤 의미인지 정확하게 알 수 없습니다. 추상적인 정의나 모호한 짐작을 하더라도 좋습니다. 대신 다음에 이어지는 문장들로 구체적인 설명을 추가해야만 합니다.

3 리뷰 쓰기에 팩트가 중요한 이유

그렇다면 구체적인 설명을 하기 위해서는 무엇이 필요할까요? 기사를 쓸 때 흔히 팩트가 중요하다고 말합니다. '팩트(Fact)'는 사실을 뜻합니다. 주장이나 짐작, 느낌이 아니라 누구도 부인할 수 없는 사실 자체입니다. 어떤 주장을 하기 위해서 필요한 것이 바로 팩트입니다. 아무런 팩트 없이 자신의 주장만을 외친다면 누구도 들어주지 않습니다. 이 작품이 재미있다, 없다를 말하려면 그냥 '재미없어'가 아니라 이런저런 이유로 재미없다고 좀 더 구체적으로 글을 써야 합니다.

➯　재미있었다. 많은 슈퍼 히어로들의 역할을 정확히 살려 내고, 퇴장하게 만들었다.

위 문장은 주장입니다. 어디에도 팩트는 없습니다. 이 문장을 팩트로 만들고 싶다면 정확하게 역할을 살려 내는 장면을 제시해야 합니다. 퇴장의 구체적인 상황을 이야기해야 하는 것이죠.

➯　아이언맨은 이기적이면서도 자신이 해야 할 일을 끈질기게 이루어 낸 캐릭터였다. 닥터 스트레인지가 본 유일한 승리의 해법도 아이언맨의 희생을 전제로 한 것이 아닐까. 아이언맨은 과거로 돌아갈 때부터 자신의 희생을 전제로 모든 계획을 짰던 것이다. 그리고 〈어벤져스 1〉에서도 아이언맨은 핵무기를 우주로 가지고 나가면서 죽음의 기로에서 돌아왔다. 그의 죽음은 이미 처음부터 예고되어 있었다고 할 수 있다.

구체적인 팩트를 쓰기 위해서 필요한 것 역시 메모입니다. 처음 작품을 보았을 때 인상적인 장면이나 대사 등을 적어 두면 이후에 큰 도움이 됩니다. 그리고 리뷰를 쓰는 비평가나 칼럼니스트들은 보통 작품을 두세 번 보는 경우가 많습니다. 그래야만 작품의 많은 것이 조금 더 보이고, 여러 가지로 다양하게 생각할 수 있기 때문입니다. 평소에 감상을 남기는 정도라면 메모에서 조금 더 나아가면 되지만, 리뷰를 본격적으로 쓰겠다고 생각한다면 두어 번 반복해서 보는 습관이 필요합니다. 보고 메모를 남기고, 쓰기 전에 다시 한번 보는 것. 최소한 이 정도로 반복한다면 리뷰 쓰기에 훨씬 도움이 될 것입니다.

리뷰의 앞부분을 작성합니다. 어떤 작품이 좋다, 나쁘다 그리고 그 이유가 되는 팩트 한두 개를 넣어 한 문단 분량으로 써 보세요.

리뷰의 앞부분 써 보기 1

리뷰의 앞부분 써 보기 2

리뷰의 앞부분 써 보기 3

자꾸자꾸 쓰고 싶은
쓰기 노트

리뷰 쓰기

논리적으로 설득하기

목표 논리적으로 설득하는 리뷰를 쓸 수 있다.

영화나 소설, 공연, 음반 등에 대한 리뷰를 쓸 때는 감상과 함께 이유를 적습니다. 내가 어떻게 보고 들었는지에 대한 감상과 내가 무엇을 느끼거나 생각했는지 파고드는 것이죠.

지난 사흘 동안 작품을 보고 메모를 하면서 처음 본 감상과 생각을 간단하게 쓰고, 어떤 키워드로 리뷰를 쓸 수 있는지 생각해 봤습니다. 그리고 키워드를 발전시키면서 팩트가 왜 필요하고 어떻게 적어야 하는지도 알아보았고요. 오늘은 논리적으로 리뷰를 쓰는 법에 대해서 연습해 보겠습니다.

1 논리적인 리뷰가 필요한 이유

논리적이라는 것은 거칠게 말해 앞뒤가 맞는 것입니다. 어떤 주장을 하고 설명을 하면서 근거가 확실하고, 앞뒤가 잘 맞아떨어지는 것을 말합니다. 갑자기 상관없는 상황이나 팩트를 끌어들이거나 인과 관계가 없는 이야기를 계속하면 안 됩니다. 독자가 팩트를 보고, 설명을 읽으면서 '그렇군.' 혹은 '그럴 수도 있군.' 하고 생각할 수 있도록 글을 써야 합니다. 앞에서 본 글을 예로 들어 보겠습니다.

✎ 〈어벤져스: 엔드게임〉은 감동적이었다. 〈아이언맨〉으로 시작된 11년간의 '인피니티 사가(Infinity Saga)'를 완벽하게 마무리하는 영화다. 그동안 등장했던 많은 슈퍼 히어로들이 한꺼번에 등장하면서도 혼란스럽지 않았고, 마지막을 맞이하는 슈퍼 히어로들의 은퇴식도 융성하게 치러 주었다. 그야말로 화룡점정이라고나 할까.

특히 좋았던 것은 캡틴 아메리카의 이야기였다. 아이언맨의 죽음도 감동적이었지만, 캡틴 아메리카에게 부여한 역할은 더욱 좋았다. 과거로 돌아가 모든 것을 마무리하는 임무를 맡았던 캡틴 아메리카는 그대로 과거에 머무른다. 비극적인 이별을 했던 페기 카터를 다시 만나 또 하나의 인생을 살아가기로 선택한다. 지구를 지키는 슈퍼 히어로가 아니라 사랑하는 연인을 만나 행복한 가정을 이루는 평범한 삶의 시간들.

두 번째는….

첫 번째 문단에서 『어벤져스: 엔드게임』이 수작이라는 평가의 말로 이야기를 시작했습니다. 그 이유로 마무리를 잘 지었다는 것을 들었죠. 이유로 제시된 내용은, 영화 속에서 각 캐릭터에게 제대로 된 역할을 주었고, 죽음이나 퇴장의 순간을 적절하게 부여했다는 것입니다.

여기까지는 일종의 주장이라고 할 수 있습니다. 영화를 본 관객 중에는 이 문장들을 읽으면서 바로 동의하는 경우도 있을 것입니다. "나도 그렇게 생각했어."라면서. 그리고 다음 문단을 읽어 보겠죠. 예를 들어 캡틴 아메리카는 어떨까요? 연인도, 친구도 잃어버리고 미래의 세계로 온 캡틴 아메리카는 비극적인 캐릭터입니다. 그가 만약 얼음 속에 갇히지 않았다면 어떻게 되었을까요? 페기 카터와 행복하게 살 수 있지 않았을까요? 이런 점에서 캡틴 아메리카가 과거에 남기로 한 것은 가장 행복한 선택일 것입니다.

또한, 『어벤져스: 엔드게임』에서는 캡틴 아메리카가 순수한 자만이 들 수 있는 묠니르를 들고 싸우는 상황을 부여합니다. 캡틴 아메리카에 대한 최상의 찬사인 셈입니다. 이렇게 캐릭터에게 주어진 상황을 설명하는 것이 자신이 앞에서 이야기했던 주장의 근거가 됩니다. 팩트를 통해서 자신의 주장을 뒷받침하는 것이죠.

2 팩트와 키워드 중심의 논리적인 리뷰 쓰기

여기서 생각할 점이 있습니다. 자신의 주장을 입증하기 위해서 얼마나 많은 팩트가 필요할까요? 때로는 단 하나만 있어도 됩니다. 단, 누가 봐도 고개를 끄덕일 수 있을 만큼 설득력이 있는 팩트여야겠죠. 그렇다면 어떤 팩트로 설명해야 할지 고민이 될 겁니다. 『어벤져스: 엔드게임』에는 캡틴 아메리카, 아이언맨, 스파이더맨, 블랙 위도우, 스칼렛 위치 등 수많은 캐릭터가 나옵니다. 그들에게 합당한 위치와 역할, 상황이 주어졌는가를 입증하기 위해서는 그들 모두의 캐릭터 분석이 필요합니다. 하지만 일일이 생각할 필요는 없습니다. 간단한 리뷰를 쓸 때는 자신이 영화를 보면서 가장 인상적이었던 것들 위주로 생각하면 됩니다.

이런 흐름을 생각해 보죠. 감상이 좋았다면 무엇이 좋았는지 키워드를 생각해 보는 겁니다. '각각의 캐릭터를 떠올려 보니 나에게는 캡틴 아메리카가 제일 인상적이었다. 그게 뭐였는지 생각해 보니 과거를 다시 살아가는 선택이었다. 그를 위한 선택으로는 제일 좋은 것이 아닐까. 그렇게 『어벤져스: 엔드게임』은 모든 캐릭터에게 합당한 대우를 해 준다. 그리고 캡틴 아메리카야말로 마블의 슈퍼 히어로 그리고 어벤져스의 상징이 될 수 있는 캐릭터라는 점에서 『어벤져스: 엔드게임』의 캡틴 아메리카가 좋았다.'

➡ 〈어벤져스: 엔드게임〉이 좋았다. – 캐릭터들의 역할이 좋았다. – 제일 인상적인 것은 캡틴 아메리카였다. – 페기 카터와의 행복한 생활 그리고 묠니르를 드는 것 – 정의와 평화를 지키는 슈퍼히어로에게는 가장 중요한 것 – 캡틴 아메리카라는 상징

이렇게 이어서 생각하고, 정리하면 어떻게 리뷰를 쓰면 좋을지가 보입니다. 다시 정리하자면 키워드를 잡고, 근거로 제시할 구체적인 팩트를 생각하고, 팩트를 어떻게 논리적으로 설명할 것인지 잡아 봅니다.

한 편의 영화라고 해도 제시할 수 있는 팩트는 무수히 많이 있습니다. 내가 무엇을 말하고 싶은지, 어떤 주장을 하고 싶은지에 따라서 제각각 달라집니다. 그렇기 때문에 내 주장을 설득력 있게 제시하기 위해 필요한 팩트가 무엇인지를 우선 찾아내야 합니다. 그리고 그것을 논리적으로 앞뒤를 맞춰야 합니다.

팩트를 논리적으로 제시하는 방법은 어떻게 생각하면 간단합니다. 모순되거나 관계없거나 억지인 것들을 제외하고 근거가 될 만한 것들을 보여 주면 됩니다. 글에 적으려고 하는 중요한 팩트들을 한 번 적어 보세요. 그리고 그것들을 논리적인 순서로 배열합니다. 어떻게 제시해야 독자가 가장 잘 설득될 것인가를 생각하면 됩니다.

영화나 소설 등 작품을 보고 리뷰를 쓰세요. 키워드를 잡고, 팩트들을 정리해서 그중에서 두세 개 정도 고릅니다. 그리고 어떤 순서로 팩트를 설명할 것인지 생각해 보세요. 글로 쓰기 전에 일종의 흐름도 같은 것을 정리해 보면 좋습니다. 2개 정도 연습하여 써 봅니다.

논리적으로 설득하는 리뷰 쓰기 1

논리적으로 설득하는 리뷰 쓰기 2

자꾸자꾸 쓰고 싶은
쓰기 노트

리뷰 쓰기

좋아하는 작품으로 리뷰 쓰기

목표 내가 감명 깊게 본 작품에 대한 리뷰를 A4 한 페이지 분량으로 쓸 수 있다.

1 리뷰 쓰기 총정리

오늘은 3주차의 마지막 날입니다. 이번 주 내내 리뷰 쓰는 훈련을 해 보았습니다. 1, 2주차에서 쓴 일기, 에세이와 리뷰는 상당히 다릅니다. 일기와 에세이는 기본적으로 자신의 경험과 생각을 이야기하는 글입니다. 에세이가 일기와는 달리 독자를 염두에 두어야 하지만 기본적으로 자신의 이야기를 하는 글이라는 점에서는 리뷰와 동일합니다. 독자와 대화하는 것도 중요하지만 우선은 자신이 말하고 싶어 하는 것에 집중하지요. 리뷰도 물론 자신의 생각이 중요합니다. 내가 말하려고 하는 것을 정리하지 못한다면 제대로 글을 쓸 수 없으니까요.

그렇지만 리뷰를 쓰는 이유에 대해 더 깊게 생각해 봅시다. 굳이 나 혼자 생각하고 평가하고 끝난다면 리뷰를 쓸 필요까지는 없습니다. 일기에 자신의 생각을 적는 정도로 충분합니다. 형식을 갖춰 리뷰를 쓴다는 것은 결국 커뮤니케이션을 염두에 둔 것입니다.

내가 어떤 영화나 소설, 음식점, 장소 등에 대한 리뷰를 하는 것은 나의 생각과 주장을 타인과 공유하고 대화를 나누고 싶기 때문입니다. 글쓰기의 가장 기본적인 욕망을 충족시키는 것이죠.

누군가와 대화하고 싶다면 말로도 충분합니다. 지금 만나는 사람과 굳이 글로 써서 대화하는 경우는 거의 없습니다. 글을 쓰는 것은 불특정 다수와 의견을 나누고 대화하기 위해서입니다. 과거의 글은 특정한 지식이나 이야기를 전달하기 위해 써서 다양한 방식으로 남겨졌습니다. 책은 글을 담기 위한 가장 중요한 수단이었죠. 지금은 책 외에도 인터넷 게시판, 페이스북과 트위터, 블로그 등의 소셜 미디어를 통해서도 글을 쓰고 읽으며 대화가 가능하게 되었습니다.

리뷰는 타인과 의견을 나누고 정리하기 위한 글입니다. 단지 자신의 감상만을 위한 글이 아닙니다. 자신만을 위한 글이라면 감상으로도 충분할 것입니다. 그래서 리뷰를 쓸 때는 어떤 독자를 대상으로 어떤 이야기를 할 것인지 글을 쓰기 전부터 생각하는 것이 좋습니다. 일반인을 대상으로 '내가 본 영화에 대해 알기 쉽게 이야기해야지. 장르소설을 좋아하는 독자를 위해서 일종의 가이드로 리뷰를 써야지. 뛰어난 연극의 좋은 점을 알리기 위해서 심도 깊은 분석을 해야지.' 이런 식으로 자신의 지향점을 미리 생각해 보는 것입니다. 조금 도식화하면 대상이 누구이고, 글의 목적이 무엇인지 생각하는 것입니다.

리뷰는 대상이 분명합니다. 내가 보고 들은 작품이죠. 리뷰를 잘 쓰기 위해 가장 중요한 것은 작품을 잘 보고 듣는 것입니다. 이 작품은 무엇을 말하는지, 어떻게 구성되어 있는지, 장점과 단점은 무엇인지 등을 제대로 파악해야 합니다. 그 방법은 몰입해서 보고, 반복해서 다시 보고, 각각의 구성요소들을 깊숙한 부분까지 생각하고 의미를 찾아내는 것입니다.

간단한 리뷰는 누구나 쓸 수 있지만, 작품을 전체적으로 분석하고 가치를 평가하는 것은 꽤 많은 공부와 훈련이 필요한 일입니다. 소위 전문가라고 하는 평론가들을 만드는 과정이죠. 대학원에서 석사와 박사를 거치면서 공부하거나 대중 매체에서 계속 글을 쓰며 자신을 단련하는 방식으로 평론가 혹은 칼럼니스트가 될 수 있습니다. 다만 이런 정도가 되지 못하더라도 리뷰는 쓸 수 있습니다. 비전문가, 아마추어의 리뷰에서도 때로는 전문가보다 더욱 빛나는 통찰이나 분석이 가능합니다. 지속적인 직업인으로서 전문가가 되려면 반드시 공부가 필요하고요.

'일단 작품에 대해 자신이 할 수 있는 만큼 최대한으로 뜯어보고 살펴본다. 그리고 어떻게 쓸 것인지 아이디어를 생각한다.' 처음에는 키워드로 찾아보는 것이 좋다고 2일째에 이야기했습니다. 그리고 아이디어를 발전시키면서 글에 녹일 팩트를 찾아보고, 논리적으로 설명하기 위한 흐름도를 만들어 보는 것을 3, 4일째에 연습했습니다. 즉, 분석하고, 글의 콘셉트를 잡아서 팩트를 찾아보고, 논리적으로 구성하는 것 등 리뷰를 쓰기 위해 필요한 과정을 밟았습니다.

다음에 필요한 것은 직접 글을 쓰는 것이죠. 컴퓨터로 쓰거나, 스마트폰으로 쓰거나 혹은 펜으로 쓰거나 모두 좋습니다. 직접 글을 쓰기 전까지 아이디어와 흐름을 어느 정도 머릿속에 정리해 두어야 합니다.

그러면 지금부터 리뷰를 한 편 써 봅시다. 지난 4일간 써 왔던 것을 되짚어 보세요. 이미 어떤 작품에 대해서 어느 정도 구상이 잡혀 있을 것입니다. 오늘은 그것을 정리해서 한 편의 리뷰로 완성해 봅니다.

쓴 글을 소리 내어 읽어 보세요. 리뷰의 퇴고도 에세이와 기본적으로 다르지는 않습니다. 하지만 리뷰는 에세이에 비해서 좀 더 논리적일 필요가 있습니다. 어색한 부분을 고치고, 중복되는 부분을 빼면서 논리적으로 잘 이어지는지 살펴봅니다. 논리적으로 부족한 부분을 체크해 보세요. 그리고 무엇을 채워 넣거나 바꾸면 좀 더 논리적으로 잘 짜일 것인지 생각해 보세요. 글 옆에 간단한 메모도 해보세요. 나중에 다시 한번 부족한 부분을 채워 넣어 완성해 봅니다.

자꾸자꾸 쓰고 싶은
쓰기 노트

나이트 크롤러

인터넷 시대가 되면서 언론은 추락하고 비틀거리고 있다. 많은 발행 부수와 광고를 유지하던 일간지도 휘청거리고, 다양한 프로그램을 앞세워 다수의 시청자를 끌어들였던 방송국도 케이블과 VOD에 밀리고 있다. 인터넷은 무한한 정보의 바다다. 기존의 언론이 인터넷에서 제 역할을 하기 위해서는 더욱 양질의 콘텐츠로 승부해야만 한다. 정부와 기업의 보도자료를 적당히 받아 적고, 복잡다단한 사건을 수박 겉핥기로 알려 주는 언론은 더 이상 대중의 신뢰를 얻지 못한다. 게다가 대중은 말초적인 자극을 주는 정보와 뉴스에 먼저 눈길을 주기 마련이다.

영화 『나이트 크롤러』는 사고 현장을 촬영하여 방송국에 파는 '나이트 크롤러'의 이야기다. 대학을 나오지 못하고 제대로 된 직업도 없는 루이스는 철조망을 뜯고, 맨홀 뚜껑을 훔치는 것으로 겨우 먹고산다. 우연히 자동차 사고 현장을 지나던 루이스는 현장을 찍는 카메라맨을 보게 된다. 그리고 카메라를 사고, 경찰의 무전을 엿들으면서 사고 현장을 찍는 일을 하게 된다. 그리고 알게 된다. 방송국에서는 더 잔인하고, 더 자극적인 영상을 원한다는 것을. 『나이트 크롤러』는 자극적인 장면을 원하는 대중, 그들의 욕망을 충족시키기 위해 잔인하고 저열한 장면을 편집하는 방송국 그리고 더 선정적인 장면들을 찍기 위해 타락하는 인간의 모습을 그리고 있다.

미국의 방송계는 한국과 다르다. 한국에서도 일반인이 찍은 사고 장면을 방영하는 경우는 가끔 있다. CCTV 영상은 많이 쓰인다. 하지만 전문적으로 사고 현장만 쫓아다니는 프리랜서 카메라맨은 없다. 『나이트 크롤러』에 보이듯, 미국에서는 프리랜서 카메라맨들이 현장을 찍은 영상을 판다. 시청률을 올릴 수 있는 자극적인 영상일수록 더욱 돈을 많이 받는다. 예전에 미국에 갔을 때 TV를 켜니 고속도로의 추격전이 나왔다. 도망치는 자동차를 경찰차들이 추격하는 장면을 생중계하는 것이었다. 한국에서는 쉽게 상상할 수 없는 일이다. 자극적인 범죄 현장을 직접 보여 주는 것도 미국에서는 흔한 일이다. 시청률이 높아지니까.

루이스는 아주 영리하다. 학력은 없지만 인터넷을 통해서 배운 지식을 현실에 아주 잘 활용한다. 창업을 어떻게 하는지, 협상을 어떻게 하는지 모두 인터넷으로 배운 것이지만 탁월하게 현실에 응용한다. 말도 아주 잘한다. 상대가 기분 좋도록 이끌어가는 것도 잘하고, 자신이 원하는 것을 적절하게 논리적으로 풀어놓기도 한다. 전형적인 비즈니스맨처럼 보인다. 루이스가 원하는 것은 오직 성공이다. 일단 사업에 뛰어든 이상 그는 성공해야만 한다. 누구보다 먼저 현장에 도착해야 하고, 누구보다 자극적인 영상을 찍어야 한다. 교통사고 현장에 경찰보다 먼저 도착한 루이스는 부상자를 헤드라이트 앞에 옮겨 놓고 영상을 찍는다. 그게 구도가 더 좋으니까. 사람들에게 더 인상적이니까.

루이스는 소시오패스에 가깝다. 그는 다른 사람들에 아무런 관심이 없다. 자신의 목표가 있다면 그것을 이루기 위해 가장 효율적이고 빠른 방법을 선택한다. 방해자는 어떤 수단을 써서라도 패퇴시킨다. 루이스의 머릿속에는 공정한 경쟁이나 다른 사람들을 배려한다는 생각은 일체 없다. 그렇다고 해서 심각하게 잔인하거나 이유 없이 타인을 공격하거나 하는 것은 아니다. 단지 자신의 목적을 방해하거나 지체시키면 간단하게 치워 버릴 뿐이다. 사이코패스는 살인하고 싶어 날뛰는 사람이 아니라 자신의 목적을 이루기 위해 살인이 필요하다면 기꺼이 행하는 사람을 말한다. 루이스가 딱 그런 인물이다. 그런데 묘한 것은, 아주 극단적인 선택을 하는 몇몇 순간을 뺀다면 루이스는 탁월한 능력을 가진 사업가로 보인다는 점이다. 냉철하고, 합리적이고, 빠른 결단을 내리고, 사람을 다루는 법을 알고, 생각한 것을 바로 행동에 옮긴다.

『나이트 크롤러』는 미국 방송업계의 추악한 관행을 보여 주는 것만이 아니라 그 안에서 루이스가 어떻게 승승장구하는지를 서늘하게 보여 준다. 성공하기 위해서, 오로지 성공만을 위해서 달리는 사람이 어떤 모습인지를 날카롭게 그려 냈다. 그런 사람들만이 가득한 사회. 상상만 해도 끔찍하다. 그것이 이미 우리의 현실이어서.

대학살의 신

아이들 싸움이 어른 싸움으로 번지는 경우는 어디에나 있나 보다. 아이들이 싸운 이유는 대체로 사소한 것이지만, 어른들까지 거기에 말려들어 싸우는 이유는 무엇일까. 내 아이가 맞거나 상처 난 게 억울해서? 사과를 받고 싶은데, 오히려 때린 놈이 기고만장해서? 그거 정도면 괜찮다. 그건 대단히 원초적인 감정이고, 피해자의 억울함에서 비롯된 것이니까. 하지만 "부모가 어떻기에 자식 교육을 이렇게 시켰나." 같은 말이 나오면 복잡해진다. 그러면 바로 피해자의 입에서도 "당신은 어떤데?"란 말이 바로 나올 것이고 나이와 집안과 지역까지 들먹이면 도저히 화해할 수 없는 상황으로 변해 버린다. 아이들의 사소한 싸움이 복잡한 어른들의 이해관계로 넘어가 버리는 것이다.

로만 폴란스키의 영화 『대학살의 신』은 아이 싸움이 어쩌다가 어른 싸움으로 번져가는지를 드라마틱하게 보여 준다. 11살의 재커리가 작대기를 휘둘러 친구인 이턴의 앞니 두 개를 부러뜨린다. 앨런과 낸시 부부는 사과하기 위해 마이클과 페넬로피 부부의 집을 방문한다. 처음에는 좋았다. 변호사인 앨런과 주식 중개인 낸시는 재커리의 잘못을 인정하고, 충분한 치료비와 보상을 약속한다. 가정용품 거래를 하는 마이클과 작가인 페넬로피는 그들의 사과를 받아들이기로 한다. 그런데 이야기가 많아지면서 조금씩 꼬이기 시작한다.

앨런은 자신이 담당하는 제약회사가 소송에 걸릴 위기에 놓여 있다. 제약회사에서 끊임없이 의견을 물어보는 전화가 걸려오면, 그때마다 대화가 끊어진다. 낸시는 그런 앨런을 못마땅하게 생각한다. 한편 페넬로피는 부부와 재커리가 함께 와서 이턴에게 사과하기를 원한다. 하지만 앨런은 이런 일들이 아이들 간에 흔히 벌어질 수 있는 사고라며, 재커리가 통제가 안 되는 아이라고 말한다. 잘못은 인정하지만, 자신이 아이에게 사과를 강요해 봐야 소용없다고 생각한다. 페넬로피는 부모가 재커리에게 모든 것을 설명하고 이해시켜야 한다고 주장한다. 서로의 말에 은근히 가시가 돋기 시작하자 마이클이 커피나 한잔하자며 분위기를 바꾼다.

앨런과 낸시, 마이클과 페넬로피. 그들은 서로 다르고, 부부끼리도 너무나 다르다. 앨런과 낸시는 상류층이고, 마이클과 페넬로피는 중산층이다. 마이클과 페넬로피는 앨런 부부가 고상한 척하는 위선자라고 생각한다. 앨런과 낸시는 마이클 부부가 원칙론을 따지는 고루한 사람들이라고 생각한다. 하지만 논쟁이 거듭되면서, 그들은 오히려 각자의 배우자를 공격한다. 낸시는 앨런의 방관자적인 태도가 지긋지

굿하다. 아이들은 순전히 낸시의 책임으로 미뤄놓고 빠져나가려는 태도. 마이클은 페넬로피의 이상주의에 지쳐 있고, 좋은 게 좋다고 생각한다. 부부 사이에 미세한 균열이 일어나자, 이번에는 남자끼리 여자끼리 뭉치게 된다. 아이들끼리 싸울 수도 있는 거지. 반면 남자들은 늘 자기 생각밖에 안 하지… 하면서.

『대학살의 신』은 연극이 원작이다. 영화도 연극처럼, 오로지 아파트 한 곳에서만 진행된다. 4명의 배우가 끊임없이 대화하고, 싸우고, 소리를 지른다. 조디 포스터, 케이트 윈슬렛, 존 C. 레일리, 크리스토프 왈츠, 네 명의 중견 배우들은 각자의 역할을 탁월하게 연기한다. 가장 빛나는 것은 역시 조디 포스터다. 그녀가 연기하는 페넬로피는 아프리카에 깊은 관심을 가진 작가다. 수단, 콩고 등에서 벌어지는 대학살을 보면서 페넬로피는 분노와 함께 절망을 느낀다. 우리는 대체 무엇을 할 수 있는가. 나는 무엇을 해야하는가. 이턴이 다쳤을 때 페넬로피는 '폭력'에 반응할 수밖에 없었다. 그저 내 아이가 다친 것이 아니라, 폭력이 인간을 지배하고 있다는 두려움. 그래서 재커리에게 자신의 잘못을 분명하게 인식하고, 다시 폭력에 빠지지 않는 것이 필요하다고 믿는다. 하지만 그런 태도는 남편인 마이클을 질리게 하고, 앨런 부부와의 대화도 점점 교착상태로 몰아간다. 사려 깊고 지성적으로 보이던 페넬로피는 점점 감정을 드러내면서 남자들을 비난하고 때로 폭력을 휘두르기도 한다.

그들의 모습이 바로 우리 어른들의 모습이다. 지극히 속물적인 앨런과 따뜻하고 지성적인 페넬로피의 거리는 그리 멀지 않다. 오로지 자신의 가치관, 생각에만 빠져 있어 더 넓은 세상을 보지 못하는 사람들. 두 부부가 치열하게 싸우고 난장판을 벌이면서 헤어진 후, 『대학살의 신』의 마지막 장면은 재커리와 이턴이 사이좋게 놀고 있는 모습이다. 그들은 싸웠다. 이턴이 재커리를 밀고자라 비난했고, 재커리가 작대기를 휘둘렀다. 그럴 때도 있는 것이다. 오해할 수도 있고, 감정에 치우칠 때도 있다. 그걸 있는 그대로 인정하면 된다. 하지만 그런 행동 하나하나에 의미를 부여하고, 말 하나하나에 가치관을 투영하기 시작하면 모든 것이 너무 복잡해진다. 어떻게 인간이 완벽한 하나의 가치관과 태도로 기나긴 인생을 유지할 수 있을까. 성인(聖人)이 아니고는 불가능한 일이다. 단순하고 순간의 감정에 불과한 아이들 싸움이 편견과 오해로 얼룩진 어른들의 저열한 싸움으로 번지는 것은 결국 그들이 자신의 세상에만 갇혀 있기 때문이다. 도덕과 이상주의로만 세상을 재단하는 것은, 어리석은 일이니까.

4주차, 글쓰기

위대한 글쓰기는
존재하지 않는다.
오직 위대한 고쳐 쓰기만
존재할 뿐이다.

E. B. 화이트

다시,
글쓰기란 무엇일까?

글쓰기는 크게 어렵지 않습니다. 친구와 말할 때
크게 어려움을 느끼는 사람은 없습니다. 자신의 생각을 차근차근
이야기하면 대부분은 전달이 됩니다. 글도 마찬가지입니다.
말하고 싶은 것을 정리하고, 순서대로 차근차근
설명하면 됩니다. 아마추어 글쓰기의 원칙은
아는 것을 솔직하게 말하기입니다.

우리는 지난 3주 동안 일기, 에세이, 리뷰를 써 보았습니다. 이제 글쓰기를 어떻게 하면 되겠
다는 느낌 혹은 충분한 자신감이 생겼나요? 3주의 훈련 시간을 충실히 따랐다면 3주 전과는
다르게 글쓰기 실력이 확실히 늘었을 것입니다.

일기와 에세이는 거의 비슷하고 리뷰는 조금 다르게 보입니다. 그렇지만 기본적으로 글을 쓰
는 방식은 다르지 않습니다. 무엇을 쓸 것인가를 정하고 어떻게 쓰면 좋을 것인지를 생각하고
자료와 정보를 모으는 것이 기본입니다. 에세이를 써도, 리뷰를 써도, 방향과 콘셉트가 필요
하고 자료와 정보를 탐색하는 것이 중요하지요. 이것을 기본으로 마지막 4주차 파이널 글쓰기
를 시작해 보겠습니다.

이번 주 목표는 A4 한 장 정도의 글을 집중적으로 써 보는 심화 훈련입니다. 늘 강조하지만, 어
렵게 생각하지 않아도 됩니다. 지금까지 3주 동안 했던 문장과 표현, 논리적인 흐름 등을 하나
의 글에 담아 보는 것입니다. 에세이도 좋고, 리뷰도 좋습니다. 어떤 글이건 완성하는 것이 목
적입니다. 그렇다면 글쓰기의 과정을 약간 공식화해 보겠습니다.

한 편의 글을 완성하는 과정
❶ 테마 잡기   ❷ 테마에 맞는 다양한 소재와 팩트를 찾고, 생각 연결하기   ❸ 쓰기   ❹ 퇴고하기

---

1 테마 잡기

테마를 잡는 것은 일기나 에세이에서 오늘의 가장 인상적인 사건을 찾는 것과 비슷합니다. 가장 쓰고 싶은 사건이나 하고 싶은 말을 찾는 것이죠. 흔히 소재라고 생각할 수도 있습니다. 오늘 회사에 지각한 사건을 써 볼까? 하지만 이것은 시작에 불과합니다. 지각한 사건을 글로 쓰겠다고 확신하기 위해서는 지각한 것이 어떤 의미인지, 지각을 통해서 무슨 말을 하고 싶은 것인지를 미리 생각해야 합니다. 지각해서 혼났지만, 한편으로는 지각함으로써 읻은 느긋함이 어쩐지 좋았다고 생각할 수도 있지요.

2 테마에 맞는 다양한 소재와 팩트 찾기, 생각 연결하기

테마를 구체적으로 발전시키기 위해서 여러 가지 팩트를 찾아봅니다. 나는 그 사건이나 경험에서 어떤 생각을 했을까? 그 생각은 그냥 망상일까? 아니면 건설적인 비판일까? 아니면 감정적인 불만 토로 정도일까?

⇒ 지각을 했다. 지하철에서 잠이 들어 지나쳐 버린 것이다. 돌아가는 시간은 불안하면서도 자포자기 상태가 되니 한편으론 편해졌다. 지하철이 한강을 건너면서 들어오는 풍경이 뭔가 새롭게 느껴졌다. 이런 풍경도 잊고 살았구나. 가끔 지각을 해도 좋겠네. 아, 지각은 하지 말고 가끔 이런 풍경을 찾아가자.

팩트를 하나둘 따져 가면서 생각하는 것은, 자신이 말하고 싶은 주제를 찾아서 연결하는 과정입니다. 크게 관계없거나 중요하지 않다고 생각하는 팩트는 옆으로 치워 두고 중요한 팩트를 찾아서 글을 쓸 때 집어넣는 것이죠. 위의 글에서는 한강의 풍경이라던가 자포자기하니까 편한 심정 같은 것들이 팩트입니다. 이 단계에서 자료 수집과 고민이 풍부해야만 다음 단계 쓰기 단계가 수월해지므로 대충 하지 말고 집중하는 노력이 필요합니다.

3 쓰기

앞선 단계에서 테마를 생각하고, 팩트를 찾아서 어느 정도 글의 윤곽을 잡은 후에 실제 글을 씁니다. 쓰기 전에 '나는 무엇을 쓸 것이다.'에 대해 다시 한번 확실하게 소리 내어 말해 보세요. 타인이 이해하기 쉽게 한두 문장 정도로 명료하게 정리해서 말할 수 있으면 가장 좋습니다. 이때 추상적인 단어와 문장 사용은 가급적 삼가세요. "나는 세계 평화에 대해 이야기할 거야."가 아니라 "세계 평화를 위해 나는 오늘도 XX에게 편지를 쓸 거야."와 같은 구체적인 문장이어야 합니다. 지각으로 얻은 여유와 편안함. 이렇게 생각하면서 글을 쓰고, 어떻게 이것을 표현할 것인지 글로 만들어 냅니다.

마지막은 글을 쓰고 난 후에 퇴고하는 것입니다. 퇴고하고 나서 완성된 글이 나오면 비로소 끝이라고 할 수 있습니다. 퇴고의 자세한 방법은 4일차에서 더 자세히 배웁니다.

이렇게 하나의 완성된 글을 써 보는 것이 마지막 주의 목표입니다. 이번 주에는 앞의 네 가지 과정을 차근차근 밟아 가 보겠습니다.

글쓰기
무엇을 쓸까?

목표 내가 쓰고자 하는 글의 글감을 찾아 원하는 글을 쓸 수 있다.

글을 쓰려면, 무엇을 쓸 것인가를 먼저 생각해야 합니다.

에세이를 쓴다면 경험했던 사건이나 이런저런 생각들 중에서 무엇을 글로 쓰면 좋을지 생각합니다. '최근에 친구와 서먹했던 사건이 있었습니다. 나에게 상처도 주었고, 많은 생각을 하게 했습니다. 배운 점도 있습니다.' 이렇게 생각한다면 글로 쓰기에는 아주 적절합니다.

무엇을 쓰면 좋을까를 결정하는 것은 결국 자기 자신입니다. 남이 생각하기에 어떨까가 아니라 나에게 뭔가 울림이나 깨달음을 주었던 사건이라면 글로 쓰기에 좋습니다. 구체적인 것들을 많이 기억하고 있을 뿐만 아니라, 사건을 통해서 무엇을 이야기할 것인지도 이미 잡혀 있는 경우가 많기 때문입니다.

글의 소재가 될 만한 경험과 사건을 고르는 기준은 어쩌면 간단합니다. 나에게 가장 강렬했던 것을 택하면 됩니다. 좋았건 나빴건 나에게 큰 감정적·정서적 충격을 안겨 준 사건. 그런 경험을 고른다면 글로도 수월하게 뽑아낼 수 있습니다.

> ⤇ 친구가 나를 외면했다. 내가 술자리에서 심한 말을 했던 것이 원인이었다.

그런데 무엇을 쓸 것인가를 결정하는 것은 단지 경험이나 사건을 택하는 것만으로 끝나지 않습니다. 커다란 사건이나 경험을 택했다면 그것에서 내가 무엇을 생각했는지, 느꼈는지, 어떤 깨달음을 얻었는지 생각해야 합니다. 첫 단계에서 글의 모든 것을 결정하라는 것은 아닙니다. 그보다는 글의 테마를 미리 정하는 것과 같습니다.

> ⤇ 친구가 나를 외면했는데, 내가 술자리에서 심한 말을 했기 때문이었다. 말을 쉽게 하는 버릇을 인정하고 고쳐야겠다고 생각했다.
>
> 친구가 나를 외면했는데, 내가 술자리에서 심한 말을 했기 때문이었다. 나에게는 별것 아닌 것도 타인에게는 거대한 우주일 수도 있다.

친구가 나를 외면했는데, 내가 술자리에서 심한 말을 했기 때문이었다. 같은 말이어도 상대방의 기분과 때와 장소를 가려가면서 해야 한다.

에세이를 쓸 때는 내가 겪은 경험이나 사건을 말하는 것이기 때문에 어느 정도 방향이 잡혀 있는 경우가 많습니다. 강렬한 사건을 겪고 시간이 지나면서 자연스럽게 이미 정리가 되어 있을 테니까요. 하지만 리뷰의 경우는 다릅니다. 무엇을 쓸 것인가 고르는 것은 비슷합니다. 가장 강렬한 경험을 한 작품을 고르면 됩니다. 내가 강렬한 작품이라고 여기는 이유는 다양합니다. 때로는 배우에게 반해서 좋을 수도 있고, 내용이 개인적인 공감을 사서일 수도 있습니다. 일단 감흥은 있는데, 어떻게 정리해야 할지 도저히 갈피를 잡을 수 없는 경우도 있습니다. 우선은 강렬했던 작품을 고릅니다. 뭔가 할 이야기가 있겠지요. 잘 모르겠다면 쉬운 방법이 있습니다. 뭐가 가장 기억에 남았는지 하나씩 짚어 보는 것입니다. 작품에 대해 메모해 둔 것이 있다면 다시 들여다보세요. 무엇을 적었나요? 인상적인 대사? 어떤 장면? 캐릭터의 개성? 다양한 것을 적어 두었을 것입니다. 그중에서 지금 머릿속에서 떠오르는 것은 무엇인가요? 가장 강렬하게 당신의 기억에 남아 있는 것은 무엇인가요? 그것을 떠올리고 시작합니다.

➡ 〈어벤져스: 엔드 게임〉에서 캡틴 아메리카가 과거로 돌아가 페기 카터와 춤추는 장면.

이 장면이 떠오른 이유는 무엇일까요? 아마 길게 설명할 수 있을 것입니다. 캡틴 아메리카의 역사도 있고, 페기 카터와 나눈 비극적인 사랑도 있고, 캡틴 아메리카라는 캐릭터의 특징과 역할도 있을 것이고, 『어벤져스: 엔드 게임』에서 캡틴 아메리카에게 주어진 임무 등 많은 이야기를 할 수 있습니다. 그렇다면 이 생각만으로도 간단한 리뷰를 쓸 수 있습니다.

➡ 캡틴 아메리카와 페기 카터. 새로운 시간대에서 이루어진 두 사람의 사랑. 그동안 마블의 인피니티 사가를 이끌어 왔던 주인공 캡틴 아메리카라는 캐릭터에게 주어진 최고의 선물이자 은퇴.

무엇을 쓸 것인가는 단지 '『어벤져스: 엔드 게임』을 쓰자.'로 끝나지 않습니다. 『어벤져스: 엔드 게임』에 대해 쓰는 방법은 무수히 많습니다. '『어벤져스: 엔드 게임』을 이런 방향으로, 이런 시각으로, 무엇을 중심으로 쓰자.' 적어도 이 정도는 되어야 글쓰기의 첫발을 내디뎠다고 할 수 있습니다.

에세이나 리뷰도 마찬가지입니다. 모든 글은 쓰기 전에 무엇을 쓸 것인가부터 생각을 정리해야 합니다. '어제 일어난 일을 쓸 거야.' 이렇게 생각한다면 다음을 이어야 합니다. '그 일을 어떻게 쓸까? 그 일로 느낀 내 감정을 이야기할 거야. 그 사건을 통해 내가 깨달은 것을 이야기할 거야.' 하는 식으로 그 깨달음이 무엇인지 글을 쓰기 전에 생각 정리를 마쳐야 합니다.

마찬가지로 리뷰에서는 '이 영화는 '무엇'이야. 이 영화의 장점은 무엇이고 그것은 어떤 의미야.' 이것까지 마무리를 지어놓아야 첫 단계가 끝납니다. 이때의 '무엇'은 소재가 아니라 내가 결정하고 선택한 소재의 테마입니다.

무엇을 쓸 것인가 생각해 보세요. 에세이도 리뷰도 좋습니다. 소재를 정하고, 그 소재를 어떻게 전개하여 무슨 이야기를 할 것인지 머릿속으로 생각하면서 적어 보세요.

자꾸자꾸 쓰고 싶은
쓰기 노트

글쓰기

무슨 이야기를 어떻게 할까?

목표 글의 테마를 선정해 발전시켜 나갈 수 있다.

무엇에 대해 글을 쓰기로 결정했다면 다음에는 무엇을 해야 할까요. 어제는 단지 소재만을 결정하는 것이 아니라 소재를 어떤 식으로 쓸 것인지 테마를 잡아야 한다고 배웠습니다. 아이디어를 발전시켜서 어떻게 써야 할 것인지 잡아야만 시작할 수 있습니다.

그렇다면 테마를 잡고, 어떻게 글을 쓰기 위한 준비를 할 것인지 알아봅시다.

➤ 친구가 나를 외면했다. 이유를 알아보니 술자리에서 내가 했던 말 때문이었다.

여기가 글쓰기의 시작입니다. 그런데 조금 더 나가야 합니다.

➤ 친구가 나를 외면했는데, 내가 술자리에서 심한 말을 했기 때문이었다. 말을 쉽게 하는 버릇을 인정하고 고쳐야겠다고 생각했다.

친구가 나를 외면했는데, 내가 술자리에서 심한 말을 했기 때문이었다. 나에게는 별것 아닌 것도 타인에게는 거대한 우주일 수도 있다.

글을 쓰기 전에 모든 것을 다 정해야 하는 것은 아닙니다. 하지만 내가 이 글에서 무엇을 말할 것인지는 어느 정도 정해 두어야 합니다. 그래야 테마를 잡고 구상하면서 구체적인 팩트나 흐름을 어떻게 할 것인지 알 수 있기 때문입니다.

이 사건에서 팩트는 여러 가지입니다.

➤ 등굣길에서 친구를 봤다. 친구가 나를 보고도 외면했다. 근래 그 친구와 있었던 일을 생각해 봤다. 농구를 했고, 등굣길에 농담을 했고, 술을 마셨다. 아무래도 술을 마시면서 있었던 일 같다. 피하는 친구에게 직접 물어봤다. 역시 술자리의 농담이었다. 사소한 것에 삐친다며 놀린 것이 상처가 되었다. 나는 별것 아니라고 생각했다. 그냥 지나가는 농담 같은 것. 실제로도 친구에게

그것이 심각한 문제라고 생각한 적이 없다. 하지만 친구는 심각했다. 네가 나를 그렇게 본다면 실망이다. 그것이 사소한 문제라고 생각하지 않는다. 내가 사소하다 생각한 것을 친구는 중요한 문제라고 생각한다. 나와 친구는 보는 관점이 다르다. 단지 관점이 다른 것일까? 내 입장에서만 사건이나 문제를 바라보는 것은 아닐까?

나에게는 농담인 것이 친구에게는 비수로 꽂혔다. 그것은 결국 내 문제였다. 나의 눈으로만 세상을, 타인을 바라보고 단정하는 것. 그것을 고쳐야 하지 않을까.

글에 써야 할 팩트와 생각을 글쓰기 전에 미리 다 준비해야 하는 것은 아니지만, 글을 쓰기 전에 미리 구상하는 단계에서 검토할 필요가 있습니다. 위에서 나온 것들 중에서 무엇을 글에다 쓸 것인가? 도입부에서 친구가 나를 외면하는 과정을 상세하게 쓸 수도 있습니다. 아니면 그 부분을 간략하게 줄이고, 이유를 찾기 위해 고심하는 장면에 주력할 수도 있습니다. 이유를 알게 된 후 고민하는 과정을 중요하게 다룰 수도 있지요. 어느 것이든 문제는 없습니다. 내가 글에서 쓰고 싶은 이야기가 무엇인지 알고 있다면, 그것을 독자에게 정확하고 강렬하게 전달할 수 있도록 구성하는 것이 필요합니다. 리뷰를 쓸 때도 마찬가지입니다. 영화에 대한 리뷰를 쓴다고 생각해 봅시다. 일단 메모가 있다면 좋습니다. 메모를 다시 읽어 보면서 어떤 테마로 갈 것인지를 생각해 봅니다. 『어벤져스: 엔드 게임』의 메모를 읽으면서 캡틴 아메리카의 이야기를 쓰자고 결정합니다. 그렇다면 캡틴 아메리카의 어떤 이야기를 쓸까요? 그의 헌신과 노력? 그의 새로운 선택? 어제 쓴 것을 끌어온다면 이렇게 될 것입니다.

➤ 캡틴 아메리카와 페기 카터. 새로운 시간대에서 이루어진 두 사람의 사랑. 그동안 마블의 인피니티 사가를 이끌어 왔던 주인공 캡틴 아메리카라는 캐릭터에게 주어진 최고의 선물이자 은퇴.

테마가 정해졌다면, 이런 이야기를 하기 위한 팩트에 무엇이 있을지 찾아봅니다. 일단은 전방위적으로 훑어야 합니다. 『어벤져스: 엔드 게임』에 대한 리뷰, 감독과 배우들의 인터뷰 등을 다양하게 찾아봅니다. 그리고 감독이나 배우들이 했던 말 중에서 인용하거나 확장할 부분이 있으면 적어 둡니다. 리뷰 중에서 나의 생각과 비슷하거나 참조할 부분이 있다면 역시 기억해 둡니다. 그리고 영화 속에서 중요한 장면이나 대사에 무엇이 있는지 생각해 봅니다.

➤ 캡틴 아메리카가 토르의 묠니르를 드는 장면. 캡틴 아메리카는 순수하고 정의로운 캐릭터라는 것을 보여 준다.

캡틴 아메리카가 과거로 갔을 때, 사무실에 있는 페기 카터를 유리창 너머로 지켜보는 장면. 캡틴 아메리카에게 가장 중요한 것이 무엇이었는지 다시 생각하게 만든다.

이런 식으로 영화 속 장면이나 대사 등을 자신의 생각을 곁들여 정리합니다. 그리고 무슨 이야기를 할 것인지 생각해서 정리합니다.

➡ 캡틴 아메리카는 아이언맨과 함께 인피니티 사가의 중심이었다. 〈캡틴 아메리카: 윈터 솔저〉와 〈캡틴 아메리카: 시빌 워〉는 단지 캡틴 아메리카의 스토리가 아니라 어벤져스 전체의 흐름을 바꿔놓는 중요한 영화였다. 〈아이언맨〉 시리즈보다도 훨씬 더 중요한 영화들. 그래서 이번에도 아이언맨 이상으로 캡틴 아메리카의 역할이 중요했다. 그리고 그에게 주어진, 과거로 돌아가 새로운 선택을 한다는 것은 최고의 예우이자 미래를 위한 희망이라고 생각한다. 마블의 슈퍼 히어로들에게 주어지는 훈장 같은 것.

팩트를 찾고, 어떻게 글을 구성할 것인가를 결정하는 것은 글을 쓰기 이전에 필요한 과정입니다. 이 과정이 충실할수록 좋은 글이 나올 수 있습니다. 팩트를 찾은 다음에는 어떤 팩트를 글에 집어넣어 독자를 설득할 것인지 판단해야 하고, 구성을 잡으면서 어떤 흐름으로 가야 독자가 더욱 논리적으로 이해하기 쉬울 것인지 결정해야 합니다. 어느 정도 구상이 잡히면 글을 쓰기 위한 준비가 다 되었다고 할 수 있습니다.

하지만 구상을 마쳤다고 해서 글이 그대로 쓰이는 것은 아닙니다. 모든 것을 준비했다고 생각해도 쓰다 보면 뭔가 부족하고, 앞뒤가 안 맞는다고 생각할 때도 있습니다. 그래도 좋습니다. 실전에 들어갔을 때의 문제는 그때 가서 해결하면 됩니다. 오늘은 실제로 글을 쓰기 전까지 무엇을 해야 하는지 훈련하는 데 중점을 둡니다.

무엇을 어떻게 쓸 것인지 생각해 보세요. 에세이도, 리뷰도 좋습니다. 그리고 구체적으로 글을 쓸 때 필요한 자료와 정보, 구성이 어떻게 될 것인지 찾아보고 생각해 보세요. 어느 정도 머릿속으로 이렇게 글을 쓰면 되겠다는 구상이 잡히면 다음에 글을 쓰면 됩니다. 오늘은 여기까지, 머릿속에 떠오르는 구상을 글로 적어 보세요.

자꾸자꾸 쓰고 싶은
쓰기 노트

글쓰기
좀 더 쉽고 재미있게 쓰자

목표 독자가 이해하기 쉽고 재미있는 요소를 창작·구체화하여 쓰는 능력을 키운다.

1일차에는 무엇을 쓸 것인가 찾아보고 다듬는 방법을 연습했습니다. 2일차에는 글에 담아낼 정보와 자료를 찾고 글의 흐름을 구상하는 연습을 했습니다. 두 과정을 거칠게 요약하면 기획과 취재라고 할 수 있습니다. 기획은 무엇을 어떻게 쓸 것인지 대강의 윤곽을 잡아내는 것입니다. 어떤 방향인지, 어떤 지점을 파고 들어갈 것인지 대강의 테마를 다듬는 것이죠.

그렇다면 취재는 무엇일까요? 기획에서 잡은 방향, 주제 같은 것을 쓰기 위해 필요한 정보와 자료를 모으는 것입니다. 기자들은 흔히 팩트라고 하지요. 어떤 사건이 있으면 누가, 언제, 어디서, 무엇을, 왜, 어떻게 했는지 알아야 합니다. Who, When, Where, What, Why, How. 이렇게 5W1H를 우리 말로는 육하원칙이라고 합니다. 기사를 쓸 때 기본적으로 지켜야 하는 것이 육하원칙입니다. 최소한의 정보라고 할 수 있지요. 어떤 경험이나 사건을 쓸 때도 마찬가지입니다. 어떠한 글을 쓰더라도 최소한의 정보를 구체적으로 전달하는 것이 필요합니다.

➤ 내가, 그저께, 학교에서, 친구를 보았다, 그런데 외면당했다, 내가 술자리에서 한 농담에 친구가 상처를 받았기 때문이다.

물론 이것만으로 글을 쓸 수는 없습니다. 육하원칙은 최소한의 정보나 팩트를 말하는 것이고 제대로 된 글을 쓰기 위해서는 더욱 많은 팩트, 정보, 자료가 필요합니다. 팩트를 모은 후에는 어떤 팩트를 글에 담을 것인지 판단해야 합니다. 어떤 팩트가 더 중요한지, 어떤 팩트가 내가 하려는 말의 근거가 되는지 결정해야 합니다. 그렇게 글에 담을 팩트들을 몇 개 선택한 후에 전체적인 글의 흐름과 틀을 잡습니다.

이렇게 기획과 취재 단계가 끝나면 글을 쓸 수 있습니다. 글 쓰는 과정의 비중을 따지면 어떻게 될까요? 글 쓰는 데 시간이 얼마나 걸리느냐는 질문을 간혹 받습니다. A4 한 장 정도면 보통 3~4시간 정도라고 말합니다. 어떤 때는 순식간에 써서 1시간 만에 끝날 때도 있고, 글이 잘 안 풀릴 때는 하루 종일 걸리기도 하지만 평균은 그 정도입니다. 하지만 이렇게 3~4시간이라고 답을 하고 나면 뭔가 억울합니다. 이유는 간단하죠. 이 시간은 오로지 컴퓨터 앞에 앉거나 펜을 들고 글을 쓰는 동안만을 의미하니까요.

글을 쓰기 위해서는 이전 단계가 필요합니다. 기획과 취재. 무엇을 쓸 것인가 찾아보고, 소재를 잡아 어떤 방향에서 어떤 시각으로 쓸 것인지 고심해서 대강의 윤곽을 정합니다. 그러고 나면 자료를 읽어 보거나, 다시 사건을 되짚어 중요한 부분을 되살리거나 하면서 팩트를 찾고, 그중 어떤 팩트를 글에 쓸 것인지 결정합니다. 그리고 어떤 흐름으로 글을 쓸 것인지 대강 머릿속으로 생각합니다. 이 과정을 거쳐야만 본격적인 글쓰기로 들어갈 수 있습니다. 순수하게 글을 쓰는 시간은 3~4시간이지만 구상 단계를 더한다면 아마 하루, 이틀은 훌쩍 넘어갈 것입니다. 그리고 이런 구상 단계를 철저하게 했을 때 본격적으로 글을 쓰는 과정이 수월해집니다. 사전 단계가 부족하다면 글을 쓰면서도 오락가락하고, 쓰면서도 계속 고쳐 쓰는 과정을 거듭하게 됩니다. 중요도를 따진다면 글쓰기의 사전 단계가 거의 80%의 비중을 차지합니다.

사전 단계를 충실하게 거친 후에 글을 쓰기 시작합니다. 이미 말한 것처럼 기획과 구상 단계가 잘되어 있다면 글쓰기는 순조롭게 이루어질 것입니다.

학교에서 글에 대해서 배우면 서론과 본론과 결론, 발단과 전개 등으로 구분합니다. 반드시 따를 필요는 없지만 글의 구조를 어느 정도 갖추는 것은 필요합니다. 글을 시작할 때는 독자의 관심을 끄는 것이 필요합니다. 어떻게 시작하면 독자가 흥미롭게 글을 읽어 나갈 수 있을까 생각하는 것입니다. 다만, 처음부터 너무 독자를 의식하면 오히려 글의 전개가 자연스럽지 못하고 어색해질 수 있습니다. 그러니 쉽게 생각하는 것이 좋습니다. 기획 단계에서 테마를 정했으니 바로 치고 들어가거나, 시간 순으로 전개를 하는 것입니다.

➤ 나에게는 아무 일도 아닌 것이, 누군가에는 인생을 좌우하는 일일 수도 있다. 말도 마찬가지다. 별생각 없이 던진 말이 상대에게는 비수로 꽂힌다.
얼마 전의 일이다. 학교 정문을 들어서면서 멀리 친구 A의 모습을 발견했다….

바로 주제를 던지고 글을 쓰면 독자가 쉽게 글 속으로 들어갈 수 있고, 전개되는 이야기 의미 파악도 수월해집니다. 처음 글을 쓸 때는 하고 싶은 이야기의 단서나 핵심을 간단하게 전반부에서 말해 주는 것이 모든 사건을 이야기하고 마지막에 핵심을 말하는 것보다 더 편합니다. 그리고 구상 단계에서 생각한 대로 팩트들을 논리적으로 설명하면 됩니다. 사건 순서대로 독자가 이해하기 쉽게 전개하고, 자신의 생각을 중간중간 넣어 줍니다. 초고를 쓸 때는 마음을 가볍게 하고 쓰는 것이 좋습니다. 테마가 있고, 어느 정도 구상이 잡혀 있으니 그대로 전개한다는 생각으로 가볍게 씁니다. 도중에 뭔가 이상하다, 논리가 어설프다는 생각이 들어도 초고는 그대로 쓰는 것이 좋습니다.

보통 일기를 쓸 때는 구상하고 쓰는 경우가 별로 없습니다. 하루를 회상하면서 순간순간 드는 생각과 감정들을 그대로 옮기게 됩니다. 일기는 기록과 정리가 주요한 목적이고, 독자가 자신밖에 없는 글이기 때문에 그렇게 써도 됩니다. 하지만 에세이는 독자를 위해 일목요연하게 쓸 필요가 있습니다. 리뷰는 분석이 중요한 글이기 때문에 논리가 제일 중요하지요.

그런데 독자를 의식하거나, 세부 사항을 모두 정확하게 해야 한다는 생각에 사로잡히면 도중에 글이 막히는 경우가 많습니다. 글이란 결국 생각하며 쓸 수밖에 없기 때문에 자꾸 부족한 부분이 떠오릅니다. 괜찮습니다. 부족하다 싶어도 초고는 무조건 달리는 게 좋습니다. 일단 마지막까지 끝을 내고 보는 것입니다. 초고는 부족해도, 틀려도 좋습니다. 일기는 퇴고가 없지만 그 외의 모든 글에는 퇴고가 필요하니까요.

서두를 흥미롭게 시작하고, 팩트를 논리적으로 설명하고, 하고 싶은 주장이나 말을 하며 끝내면 됩니다. 그렇게 초고를 끝냅니다. 열정적으로 하고 싶은 이야기를 토해 놓으면 됩니다. 단, 독자가 알기 쉽고 재미있게 읽을 수 있으면 좋겠다고 계속 생각하면서요.

그러면 오늘의 글을 써 봅시다. 일단 초고라고 생각하면 됩니다. 오늘의 내가 쓰고 내일의 내가 퇴고할 것입니다. 그러니 오늘은 기획과 구상을 통해서 준비가 끝난 글을 무조건 끝내기만 하면 됩니다. 어설프고, 앞뒤가 안 맞아도 걱정하지 마세요. 내일의 내가 고쳐 줄 테니까요.

자, 그럼 시작합니다!

세 문단 이상의 짧은 초고를 써 보세요. 퇴고는 하지 않습니다.

자꾸자꾸 쓰고 싶은
쓰기 노트

글쓰기

퇴고를 합시다!

 목표 퇴고하는 방법을 상세히 익혀 자신이 쓴 글을 일정 수준 이상으로 편집할 수 있다.

어제는 초고를 써 보았습니다. 초고를 일단 완성했다면 일단 절반은 넘게 끝났다고 할 수 있습니다. 아니, 다 썼는데 왜 겨우 절반이냐고 억울해할 수도 있습니다. 완성했으니 그냥 블로그에 올리거나 누군가에게 보여 줄 수 있다고 생각하겠지요.

맞습니다. 일단 완성은 했지요. 하지만 영화로 예를 든다면, 이제 촬영을 다 하고 시나리오 순서대로 가편집을 한 정도라고 할 수 있습니다. 이제부터 해야 할 일은 편집을 세세하게 하고, 특수효과가 필요한 장면들을 수정하는 것과 같습니다. 틀은 다 완성되었지만 이제부터 하는 작업들이 영화의 완성도를 결정짓습니다.

글을 쓸 때도 마찬가지라고 할 수 있습니다. 때로는 초고를 너무 잘 써서 수정할 것이 거의 없을 때도 있기는 합니다. 뭔가에 홀린 듯 나오는 글이 거의 완벽하다고 생각이 들 때도 있지요. 그때는 기뻐하고 퇴고를 간단하게 마무리하면 됩니다.

그러나 대부분의 초고에는 고칠 것들이 꽤 많이 있습니다. 소설가 성석제는 '초고는 쓰레기'라고 말한 적이 있습니다. 완성하고 난 초고는 아무리 가까운 사람에게도 보여 줄 수 없는 쓰레기 정도라는 것입니다. 초고를 가지고 몇 번씩 다시 생각하고, 고쳐 쓰기를 거듭하고 나면 겨우 남에게 보여 줄 수 있는 정도가 됩니다. 그러면 가족이나 가까운 지인에게 보여 주고 의견을 듣기도 하면서 완성합니다. 즉, 글쓰기에서 초고는 시작에 불과하고 완성은 퇴고를 거치면서 이루어집니다.

모든 글은 퇴고를 해야 합니다(일기는 굳이 안 해도 됩니다.). 기껏해야 블로그에 올릴 것이니 아는 사람들만 볼 텐데 그렇게까지 해야 하나 생각할 수도 있지요. 하지만 퇴고는 누군가에게 보여 주는 것이 문제가 아니라 내가 쓰는 글을 끝까지 책임지기 위해서 필요합니다. 완성된 글을 만들어 내고, 스스로 목표한 지점에 다다르기 위해서입니다.

퇴고를 어떻게 시작할까? 초고를 쓴 다음에 바로 퇴고하는 것보다 조금 시간을 두는 것이 좋습니다. 자신이 쓴 글에서 조금 거리를 두고 객관적으로 바라볼 수 있는 여유를 갖는 것이 필요하기 때문입니다. 초고는 구상한 대로 열정적으로 쓰는 것이 좋습니다. 내가 왜 이 글을 쓰려 했는지, 하고 싶은 말을 어떻게 표현하며 전달할 것인지 등을 생각하며 일단 던지는 것이죠.

퇴고는 독자의 입장에서 나의 글을 판단해야 합니다. 감정과 열정보다는 합리적인 이성으로 나의 글을 뜯어보고 논리적이지 않거나, 같은 말을 반복하거나, 어색하거나 애매모호한 표현들을 고칩니다. 그리고 독자가 이 표현이나 문장을 어떻게 판단할 것인지 독자 입장에서 생각해 보고 수정합니다.

퇴고의 몇 가지 방법을 이야기하겠습니다.

퇴고는 더하기가 아니라 빼기입니다. 글을 퇴고하다 보면 부족한 부분이 보입니다. 그러면 계속 새로운 팩트를 더하거나 설명을 덧붙이고 싶어집니다. 하지만 더하는 것은 일단 뺀 다음에 하는 것이 좋습니다.

무엇을 뺄 것인가? 일단 불필요한 대명사와 접속사, 애매모호한 부사와 형용사, 중복된 단어와 문장, 반복해서 이야기하는 주장 등을 빼 줍니다.

≡▷　이, 그 저, 그는, 나는, 그리고, 그런데, 하지만….

부사와 형용사는 문장을 풍성하게 해 주고, 느낌이나 정서 등을 유려하게 전달해 주는 좋은 도구입니다. 하지만 애매하게 쓰면 독자를 혼란스럽게 합니다. 특히 추상적인 부사나 형용사는 잘 생각해서 고쳐 줍니다.

≡▷　언제나 그의 자유로운 몸짓이 좋았다.

이 문장에서 '자유로운'은 어떤 의미일까요? 몸짓이 대단히 편하다는 것일까요? 아니면 제멋대로 움직인다는 것일까요? 느낌이 그의 자유분방한 성격을 드러낸다는 것일까요? 그렇다면 어떻게? 위 문장이 그대로 쓰인다면, 다음 문장에서 어떻게 자유로운지를 설명해 줘야 합니다. 그러지 않고 저 문장만을 쓴 채 끝내면 문제가 됩니다. 독자가 정확한 의미를 파악할 수 있도록 구체적이고 명확한 표현을 써야 합니다. 추상적인 표현을 썼다면, 그 의미를 다른 문장으로 설명해야 합니다. 독자는 필자의 머릿속에 무슨 생각이 있는지 알 수 없으니까요.

무엇을 고쳐야 할지 잘 모르겠으면 글을 소리 내어 읽어 보세요. 읽으면서 문장이 불편하거나 애매 모호하다고 생각되면 고치면 됩니다. 소리 내어 읽기에 힘든 글은 보통 문제가 있다고 할 수 있습니다. 읽어 보면서 걸리는 부분들을 알맞게 고쳐 보세요.

앞에서 퇴고는 빼기의 과정이라고 했습니다. 문제 있는 단어나 문장 등을 빼면 어떤 점이 좋을까요? 단순하게 말하면 더 필요한 팩트나 설명 등을 추가할 수 있어서 좋습니다. 어차피 블로그 등 온라인에 글을 쓸 때는 분량 제한이 없으니까 길어도 좋지 않나 생각할 수 있습니다. 하지만 어디에서나 긴 글은 읽기가 쉽지 않습니다. 기왕이면 짧게 압축적으로 명료하게 글을 쓰는 것이 좋습니다. 반드시 필요한 내용을 전달하기 위해서 길어질 수도 있지만, 불필요한 것들로 가득 찬 글은 읽다가 포기하는 독자가 많습니다. 그래서 일단은 빼고, 다시 퇴고하면서 부족한 부분을 채웁니다. 설명이 부족하거나 논리적으로 애매한 부분을 보완하는 것입니다.

이렇게 퇴고하고 나서는 다시 시간을 둡니다. 한두 번 정도는 퇴고해 주는 것이 좋습니다. 냉정하게 객관적으로 독자의 입장에서 내가 쓴 글을 보고 부족하거나 애매한 부분을 빼고 고치고 추가하는 것입니다. 퇴고는 많이 하면 좋지만, 그렇다고 수없이 반복할 필요는 없습니다. 짧은 글을 퇴고할 때는 두세 번 정도로 일주일 안에 마무리하는 게 좋습니다. 만약에 퇴고를 한두 번 했던 글을 다시 한 달, 길게는 해를 넘기면서 다시 고친다면 그것은 퇴고가 아니라 개고가 됩니다.
퇴고는 초고를 고치면서 한 편의 글을 완성하는 과정입니다. 개고는 일단 완성한 원고를 필요에 따라서 다시 고치는 것입니다. 1년여의 세월이 흘렀다면, 나의 생각이 변했을 수도 있고, 새로운 정보를 알게 되어 보완할 필요가 있을 수 있습니다. 이럴 때 완성된 원고를 수정하는 것이 개고입니다. 이미 썼던 글을 책으로 다시 묶는다거나 다른 목적으로 바꿀 때 개고를 하는 경우가 있습니다.

오늘은 어제 썼던 글을 퇴고하여 완성해 봅니다.
어제의 내가 썼던 글을 창피해하거나 비웃어도 좋습니다. 지금의 내가 다 고치면서 새로운 글로 완성할 것이니까요. 어제의 나보다 나아진 내가 퇴고를 마친다면 드디어 독자에게 보여 줄 수 있는 글이 될 것입니다.

3일차에 쓴 글을 퇴고하여 다시 써 보세요. 퇴고할 때 고려해야 할 점을 충분히 생각해 본 뒤 써 봅니다.

자꾸자꾸 쓰고 싶은
쓰기 노트

글쓰기
나만의 글쓰기

목표 일기, 에세이, 리뷰 등 일상의 글쓰기 방법을 이용해 한 편의 글을 완성할 수 있다.

드디어 글쓰기 훈련 마지막 날입니다.

오늘은 지금까지 4주 동안 했던 훈련을 바탕으로 완성된 글을 써 봅니다. 아무런 조건도 없고, 제약도 없습니다. 쓰고 싶은 글을 내 마음대로, 지금까지 연습했던 묘사와 표현 등을 생각하고 총 동원하여 써 보세요.

에세이건 리뷰건 다 좋습니다. 기왕이면 여러분이 앞으로 주력해서 쓰고 싶은 글을 써 보면 좋겠지요. 생활하면서 겪은 다양한 일들을 많은 사람들에게 알리고 내 생각을 전하고 싶다면 에세이나 기행문 등을 쓰면 좋고, 내가 보고 들은 영화나 소설, 전시 등을 분석하고 평가하여 대중에게 알리고 싶다면 리뷰를 쓰면 좋겠지요.

4주 동안 충실하게 매일매일 과제를 해 왔다면 이제 글쓰기에 대해 두려움은 없을 것입니다. 경험한 것을 차근차근 묘사하고, 느낀 점을 설명하고, 자신의 주장을 논리적으로 제시하는 것은 크게 어렵지 않습니다. 다음에 필요한 것은, 소박하게 자신의 이야기를 쓰는 것을 넘어 조금 더 세련되고 흥미롭게 독자에게 전달하는 것입니다. 이 과정은 하루아침에 이루어지지 않고 계속 글을 써 가면서 조금씩 단련해야 합니다.

글을 쓰기 위해 필요한 과정을 다시 한번 간단하게 이야기해 보죠.

먼저 무엇을 쓸 것인가 정해야 합니다. 어제 있었던 사건일 수도 있고, 오늘 뉴스로 읽은 사건에 대한 자신의 생각일 수도 있습니다. 소재를 정했으면 어떤 방향으로 풀어 갈 것인지 생각해야 합니다. 방향성, 콘셉트, 테마 등 어떻게 말해도 좋습니다. '무엇을 어떻게 이야기하고 싶다.' 한 문장 정도로 압축해서 말할 수 있다면 제일 좋습니다. 리뷰도 마찬가지입니다. '영화 『기생충』을 가족의 관점에서 분석하고 싶다.' '봉준호 감독의 작품 세계에서 어떤 위치인지 보여 주고 싶다.' 등. 여기까지가 아이디어를 가지고 기획하는 과정입니다.

다음은 기사를 쓴다면 취재, 일반적인 글을 쓴다면 자료와 정보를 찾는 과정입니다. 내가 겪은 사건이라면 구체적인 정황과 주변 상황, 내 느낌이나 생각 등을 모두 떠올리며 정리합니다. 자료와 정보는 많이 있을수록 좋습니다. 일본의 저널리스트 다치바나 다카시는 책 한 권을 쓰기 위해 자신의 키 높이 정도의 책은 기본적으로 읽어야 한다고 했습니다. 책 한 권에 약 50에서 70권 정도의 책은 읽어야 한다는 것이죠. 이것을 간단한 글로 치환해서 생각한다면 A4 한 장 정도의 글을 쓴다면 A4 70장 정도의 자료를 찾고 읽어야 할 것입니다. 자료와 정보가 많다면 내 생각이나 감정을 담아내거나 인용하거나 할 수 있는 기본적인 팩트가 많아집니다. 에세이는 기본적으로 자신의 경험을 깊이 생각하는 것이 중요하지만, 리뷰 같은 객관적인 글에서는 자료와 정보의 가치가 아주 중요합니다. 자신의 생각만을 계속 반복하는 것이 아니라 합당한 근거를 대고 필요한 내용을 인용해야 설득력이 있습니다.

기획과 구상을 다 했으면 드디어 글을 씁니다. 초고를 쓸 때는 기획을 하며 잡은 테마, 방향에 맞춰 열정적으로 끝까지 써 내려갑니다. 그리고 합리적이고 논리적으로 퇴고하며 불필요한 것들을 빼고 부족한 점을 보완합니다. 두세 번 정도 퇴고를 거치면 글이 완성됩니다.

사실 글쓰기는 크게 어렵지 않습니다. 친구하고 말할 때 크게 어려움을 느끼는 사람은 없습니다. 자신의 생각을 차근차근 이야기하면 대부분은 전달됩니다. 글도 마찬가지입니다. 말하고 싶은 것을 정리하고, 순서대로 차근차근 설명하면 됩니다. 아마추어 글쓰기의 원칙은 아는 것을 솔직하게 말하기입니다. 모르는 것은 모른다고 말하고, 아는 것을 자신이 느끼고 생각한 대로 차분하게 글로 설명하면 가장 기본적인 글쓰기는 완성됩니다. 조금 더 세련된 글쓰기를 원한다면 다양한 훈련과 연습이 필요하고요.

지금은 누구나 글을 쓰고 읽는 시대입니다. 책을 적게 본다고는 하지만 온라인에서 페이스북과 트위터, 인스타그램 등의 소셜 미디어와 블로그, 게시판 그리고 단톡방과 문자 메시지 등 수많은 글을 쓰고 읽고 있습니다. 지나가는 일상적인 글만이 아니라 본격적으로 글을 쓰는 작가가 되기 위해 온라인에 올리는 글도 무수하게 많이 있습니다. 무한의 콘텐츠 시대라고 할 수 있지요.

내가 글을 쓰는 것은, 나의 이야기를 하기 위한 것입니다. 수많은 글들 사이에서 내가 또 하나의 글을 쓰는 이유는 내가 할 말이 있으니까 하는 것입니다. 그렇다면 중요한 것은 나의 시선이고, 개성입니다. 수없이 많이 나온 글들과 똑같은 말을 할 것이라면 굳이 글을 쓸 필요가 없지요. 동의하고 또 다른 글을 읽으면 됩니다.

그러니까 나의 글을 써야 합니다. 어디선가 멋있는 글을 보고, 나의 생각과 똑같은 글을 보았다 해도 내가 쓰는 것은 그것과 달라야 합니다. 나의 눈으로 보고, 나의 생각을 통해서, 나만의 글쓰기를 하는 것이 필요합니다. 그렇게 하기 위해서는 나의 눈으로 세상을 봐야 합니다. 누군가가 말해 주는 대로 끄덕이고 동의하는 것만이 아니라 자신의 논리로 다시 한번 정리해서 나의 이야기를 해야 합니다. 많은 것을 보고 듣고, 나의 철학을 세워서 정리를 해야지요. 뭔가 거대하고 심오한 철학이 필요한 것이 아니리 내가 직접 따져서 판단하고 선택한 결과가 중요한 것입니다.

오늘의 글쓰기는 4주 동안의 연습을 총 마무리하는 한 편의 글을 완성하는 것입니다. 편하게 머릿속으로 정리하면서 주제를 잡고 글을 써 보세요.

그리고 이 책의 쓰기 노트를 비워 두지 말고 틈틈이 글 쓰는 연습을 하면서 책을 끝까지 충분히 활용하시기 바랍니다.

이 책은 여러분의 습작으로 가득 찬 한 권의 위대한 기록물입니다.

자꾸자꾸 쓰고 싶은
쓰기 노트

PART

03

왕초보 탈출!
내 마음껏
자유자재로 글쓰기

내 자서전을 쓴다면 어떤 제목이 좋을지
10개 이상 쓰고, 최종 선택을 하세요.

가족이나 친한 친구, 학교 선후배, 직장 선후배나 동료의 이름을 쓰고
그들 한 사람 한사람을 한 단어로만 묘사해 보세요.

요즘 재미있게 보는 드라마나 웹툰의 리뷰를 써 보세요.
관련 사진도 한 장 출력해 붙여 봅니다.

최근 본 영화 중 한 편을 골라,
마음에 안 드는 캐릭터나 스토리를 바꿔서 줄거리를 써 보세요.

Q 05

누군가와 문자 메시지 혹은 카카오톡으로 나눈 대화 중 인상적인 부분을 옮겨 적고,
주고받은 대화를 통해 느꼈거나 깨달은 점을 써 보세요.

오늘 읽은 인터넷 기사 중 가장 이슈가 되는 기사를 하나 골라,
'내가 기자라면 이 부분은 이렇게 써 보겠다.' 하는 부분을 바꿔서 써 보세요.

오감이 모두 드러나는 글을 써 보세요.

새로 들른 '핫한' 카페나 식당에 대해 묘사하는 글을 써 보세요.

마음에 드는 글을 골라 빈 페이지 분량에 맞게 필사해 보세요.

한 페이지 분량으로 일기를 쓰고, 옆 페이지에 관점을 바꿔
일기에 등장한 다른 인물의 관점에서 일기를 써 보세요.

Q 11

최근에 나를 가장 화나게 한 사건과
크게 웃게 한 사건에 대해 써 보세요.

내 인생 최고의 여행에 대해 여행지의 정보와 감동이
생생하게 드러나는 여행기를 써 보세요.

선생님 혹은 사장님께 자신의 장점을 어필하는 자기 소개서를 써 보세요.

내가 자주 쓰는 말 중 내뱉고 늘 후회하는 말과
이 말을 하게 되는 나의 심리 상태에 대해 묘사해 보세요.

Q 15

여러분은 지금까지 《나도 글 좀 잘 쓰면 소원이 없겠네》를 읽고 글쓰기 훈련을 마쳤습니다.
수고하셨습니다! 지난 4주간 나의 글쓰기 실력이 얼마나 향상되었는지,
아직 미진한 부분과 두려운 부분은 무엇인지, 체험하고 느낀 점을 솔직하게 써 보세요.

작가 추천
도서 목록

《강의 – 나의 동양고전 독법》 신영복 지음

《거의 모든 것의 역사》 빌 브라이슨 지음

《교양: 사람이 알아야 할 모든 것》 디트리히 슈바니츠 지음

《권력을 이긴 사람들 – 하워드 진 새로운 역사에세이》 하워드 진 지음

《나쁜 사마리아인들 – 장하준의 경제학 파노라마》 장하준 지음

《대중문화 5000년의 역사》 프레드 E. H. 슈레더 외 지음

《북유럽 신화》 닐 게이먼 지음

《사피엔스》 유발 하라리 지음

《생각의 지도 – 동양과 서양, 세상을 바라보는 서로 다른 시선》 리처드 니스벳 지음

《여신들》 조셉 캠벨 지음

《역사란 무엇인가》 E. H. 카 지음

《역사론》 에릭 홉스봄 지음

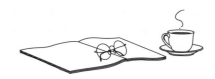

《역사, 진실에 대한 이야기의 이야기》 앤 커소이스, 존 도커 지음

《원칙》 레이 달리오 지음

《위대한 패배자 – 한 권으로 읽는 인간 패배의 역사》 볼프 슈나이더 지음

《유혹하는 글쓰기 – 스티븐 킹의 창작론》 스티븐 킹 지음

《정리하는 뇌》 대니얼 J. 레비틴 지음

《정의란 무엇인가》 마이클 샌델 지음

《조선 동물기》 김홍식 엮음

《존 프리먼의 소설가를 읽는 방법》 존 프리먼 지음

《지적 대화를 위한 넓고 얕은 지식》 채사장 지음

《천의 얼굴을 가진 영웅》 조셉 캠벨 지음

《화폐전쟁》 쑹훙빙 지음

《황금가지》 제임스 조지 프레이저 지음

이 글을 보고 있다면 4주간의 글쓰기 과정을 마치고 난 후일 것입니다. 축하드립니다. 무엇이건 4주, 약 한 달의 기간 동안 매일매일 비슷한 과정을 거치며 반복하는 것은 쉬운 일이 아닙니다. 인내와 끈기가 필요하지요. 4주의 과정을 마친 것만으로도 칭찬받을 일입니다.

프롤로그에서도 언급했듯이 옛말에 '글쓰기의 왕도는 많이 읽고, 많이 쓰고, 많이 생각하기'라고 했습니다. 읽기, 생각하기는 오가면서 틈틈이 시간을 내서 할 수 있지만 글쓰기는 다릅니다. 일단 책상이나 컴퓨터 앞에 앉아야 합니다. 아니면 스마트폰이라도 들어야 하죠. 그리고 써야 합니다. 쓰기 위해서 생각을 하고, 생각한 것을 정리하고, 정리한 것을 문장으로 풀어냅니다. 그런 과정을 매일 반복하기란 결코 쉽지 않습니다. 하지만 매일 꾸준히 쓰는 것만으로도 글쓰기 실력은 좋아집니다. 출판사에서 글을 의뢰받고 4주간의 글쓰기 프로그램을 짜면서 글을 쓰기 위해서 필요한 것은 무엇일까에 대해 오래도록 많은 생각을 했습니다. 글쓰기에 탁월한 재능이 있는 사람들은 그냥 씁니다. 하지만 보통의 재능을 가진 사람들은 기본적인 매뉴얼을 숙지하고 익히면서 글쓰기를 시작합니다. 거기에 노력이 덧붙어야 합니다. 매일, 가능한 한 많이 반복하면서 조금씩 다르고, 발전해 갈 수 있는 글쓰기 과정을 구상해 봤습니다.

상상마당 아카데미에서 '전방위 글쓰기'라는 수업을 시작한 지 만 12년이 되었습니다. 이전에 글쓰기 수업을 했던 것을 포함하면 거의 14년 동안 글쓰기에 대해 이야기하고, 글을 쓰고 싶어 하는 많은 이들과 만났습니다. 글을 쓸 때 무엇이 가장 힘드냐고 물어보면, 이구동성으로 무엇을 쓸 것인지 찾는 것이 가장 힘들다고 했습니다. 하지만 이런 생각을 조금만 바꿔도 글쓰기는 쉬워집니다. 무엇을 쓸 것인지 찾기 힘든 이유는, 글을 쓰는 소재가 뭔가 특별하거나 의미심장한 무엇이 되어야 한다고 생각해서가 아닐까요?

글쓰기는 간단합니다. 보고 들은 것을 씁니다. 생각나는 것을 쓰고, 마음이 움직이는 것을 씁니다. 기쁘고, 슬프고, 화가 나는 일을 씁니다. 이 책은 그렇게 일상적인 글쓰기를 어떻게 할 것인가에 초점을 맞추었습니다. 대단한 무엇인가가 아니라 책상에 앉아 그날 있었던 일을 되짚으며 필요한 부분을 다듬어서 글로 써 보는 것이지요. 그리고 매일 써 봅니다. 일기를 쓰거나 습관적으로 메모하는 버릇같이 말이죠. 이 책으로 4주간 글을 써 보았다면, 앞으로도 매일 글을 써 보세요. 짧아도 좋습니다. 아무 의미가 없어도 되고 결론 같은 것도 없어도 됩니다. 형식을 갖춘 하나의 완성된 글은 한 달에 하나 정도만 써도 충분합니다.

이 책은 왕초보를 위한 4주의 글쓰기 프로그램이라서 기초를 익힌 이후의 프로페셔널한 글쓰기 방법에 대해서는 다루지 않았습니다. 언젠가 기회가 된다면 글쓰기의 구체적인 테크닉에 대한 책을 쓰고 싶다는 생각이 듭니다.

그동안 고생 많으셨습니다. 이제 여러분은 작가입니다. 꼭 거창한 작품을 만들어 내지 않아도 글을 쓰는 사람은 누구나 작가입니다. 용기를 가지고, 여러분의 일상에서 벌어지는 일들을 관찰하고 생각하고 적어 보세요. 곧 당신의 글이 독자와 만나 대화하는 날이 올 것입니다.

나도 기타 잘 치면 소원이 없겠네

왕초보를 위한 4주 완성 기타 연주법

김우종 지음 | 이윤환 사진 | 240쪽 | 16,800원

나도 우쿨렐레 잘 치면 소원이 없겠네

왕초보를 위한 4주 완성 우쿨렐레 연주법

한송희 지음 | 212쪽 | 16,800원

나도 피아노 잘 치면 소원이 없겠네

한 곡만이라도 제대로 쳐보고 싶은
왕초보를 위한 4주 완성 피아노 연주법

모시카뮤직 지음 | 232쪽 | 16,800원

나도 피아노 폼 나게 잘 치면 소원이 없겠네

어떤 곡이든 쉽게 치고 싶은 초중급자를
위한 4주 완성 피아노 연주법

모시카뮤직 지음 | 224쪽 | 16,800원

나도 손글씨 잘 쓰면 소원이 없겠네

악필 교정부터 캘리그라피까지,
4주 완성 나만의 글씨 찾기

이호정(하오팅캘리) 지음 | 160쪽 | 12,000원

나도 손글씨 잘 쓰면 소원이 없겠네 [핸디워크북]

악필 교정부터 캘리그라피까지,
4주 완성 나만의 글씨 찾기

이호정(하오팅캘리) 지음 | 160쪽 | 8,800원

나도 드럼 잘 치면 소원이 없겠네

한 곡만이라도 제대로 쳐보고 싶은
왕초보를 위한 4주 완성 드럼 연주법

고니드럼(김회곤) 지음 | 216쪽 | 16,800원

나도 수채화 잘 그리면 소원이 없겠네

도구 사용법부터 꽃 그리기까지,
초보자를 위한 4주 클래스

차유정(위시유) 지음 | 180쪽 | 13,800원

나도 영어 잘하면 소원이 없겠네

미드에 가장 많이 나오는 TOP 2000 영단어와
예문으로 배우는 8주 완성 리얼 영어

박선생 지음 | 320쪽 | 13,800원

나도 손글씨 바르게 쓰면
소원이 없겠네

악필 교정부터 어른스러운 펜글씨까지
4주 완성 한글 정자체 연습법

유한빈(펜크래프트) 지음 | 160쪽 | 12,000원

나도 손글씨 바르게 쓰면
소원이 없겠네 [핸디워크북]

악필 교정부터 어른스러운 펜글씨까지
4주 완성 한글 정자체 연습법

유한빈(펜크래프트) 지음 | 160쪽 | 8,800원

나도 손그림 잘 그리면 소원이 없겠네

작은 그림부터 그림일기까지
4주 완성 일러스트 수업

심다은(오늘의다은) 지음 | 160쪽 | 13,800원

나도 좀 가벼워지면 소원이 없겠네

라인과 통증을 한번에 잡는
4주 완성 스트레칭 수업

김하나 지음·양은주 감수 | 176쪽 | 13,800원

나도 글 좀 잘 쓰면 소원이 없겠네

글 한 줄 쓰기도 버거운 왕초보를 위한
4주 완성 기적의 글쓰기 훈련법

김봉석 지음 | 208쪽 | 14,800원

나도 초록 식물 잘 키우면
소원이 없겠네

선인장도 못 키우는 왕초보를 위한
4주 완성 가드닝 클래스

허성하(폭스더그린) 지음 | 216쪽 | 15,800원